「正義の経済学」ふたたび

日本再生の基軸

寺島実郎

日本経済新聞社

「正義の経済学」ふたたび／目次

Ⅱ部　観　察――二〇世紀末を並走して

【カバーイラスト＝穂積和夫】

【扉イラスト＝勝部浩明】

「正義の経済学」ふたたび

はじめに――重低音としての「正義」

いまどき「正義」などという手垢にまみれた胡散《うさん》くさい言葉を持ち出すなど、時代錯誤もはなはだしい。そう考えるのが「まともな大人」かもしれない。ましてや、経済の世界に「正義」などという言葉はなじまない。「市場」の声を聞くことが唯一の価値基準であり、そこでは効率と競争を勝ち抜くことがすべてなのだ。そう考えるのが、現代を生きる「経済人」の常態かもしれない。

そもそも、二〇世紀の歴史を冷静に振り返れば、「正義」の名のもとに繰り広げられた戦争やイデオロギー闘争によって、どれほどの人々の屍《しかばね》が築かれ、不条理な抑圧がなされたか。まさに「正義は胡乱《うろん》」であり、「正義」などという言葉を使う人間ほど警戒されるべき存在はない。「我に正義あり」と思う人間ほど、他者に対して自らの価値観を押し付けがちとなり、始末の悪いものはない。我々は、近代的理性の中で「正義」を相対化しなければならない。

にもかかわらず、圧倒的な市場主義と競争主義が吹き荒れる時代状況の中で、「あるべき社会」を自問自答する姿勢を我々は見失ってはならないのではないか。なぜならば、この真剣な問いかけこそ、「我々は何のために生き、何のために働くのか」という根本的な課題にまで関わることだからである。

思うに、一九九〇年代以降の日本の低迷と混迷は、目指すべき社会と進路を見失った「理念の敗北」に由来する。我々が下腹に力を入れて目指すべきは、他人のまねごとや時代の空気に合わせた軽薄な悪乗りではなく、自分の頭で考え抜いた「理念」の再興である。あるべき社会とそれへの自らの関わりを求めずして、我々は人間らしく生きられるのであろうか。

私は、スペインにおける「一八九八年の世代」とドン・キホーテの関係を思い出している。セルバンテスが『ドン・キホーテ』を書いたのは一六〇五年であった。中世騎士道に酔いしれる狂気の老人を描いた諧謔小説であった。それから三〇〇年近くも経って、『ドン・キホーテ』はスペイン精神の神髄を語るものとして蘇った。一八九八年、スペインは米国との戦争、「米西戦争」に敗れた。一五世紀末以来の栄光の植民地帝国スペインの没落を決定付ける敗北であった。この敗北は、スペイン人、とりわけ若い知識人たちに深刻な打撃を与えた。経済的打撃よりも、自らの存在を支えるアイデンティティーの危機が深刻であった。日本における一九四五年の敗戦後の廃墟に立った「焼跡派」といわれた知識人にも通ずる、空漠感だったかもしれない。

深い自己喪失の中から、「九八年の世代」といわれる人たちが登場した。一七歳で一八九八年を迎えたピカソなども、広義の「九八年の世代」といえるが、代表格は思想家ウナムーノであり、オルテガ・イ・ガセットであった。この二人の思想家がともに「ドン・キホーテ」に関する作品を著し、ドン・キホーテとスペイン精神の関係を考察したことは実に興味深い。一九〇四年に発表された『ドン・キホーテとサンチョ・パンサの生涯』において、ウナムーノはスペイン再生のためには、高い精神性と使命感が必要であることを示唆して、ドン・キホーテについて次のように語る。

「一冊の嘲笑の作品の中に、わがスペインの哲学が、真実かつ深淵な哲学が、要約され凝縮されたのである。人間の形をとったわが民族の魂は、一冊の嘲笑の作品を通じて、生の神秘に満ちた深淵に到達したのである。そしてこの嘲笑にまみれた作品は、いままで書かれたうちで最も悲しい物語である。最も悲しい物語ではあるが、しかし泣き笑いのうちに救いを、すなわち、現世の隷属状態が我々を陥れているこの哀れむべき思慮分別からの救いを、享受しうるすべての人にとっては、最も慰め多き物語でもあるのだ」

ドン・キホーテに「名誉と情熱を探求する美学」というスペイン史的解釈を与えたウナムーノは、「風車を巨人と誤認して突撃し、金ダライを栄光の兜と主張するドン・キホーテの狂気」について、「まったくそのとおりだ、わが主ドン・キホーテよ、そのとおりなのだ。大声で、それも皆の見ている前で主張したり、おのが生命を賭けて自分の主張を守り通すという不敬な勇気というものは、そのようなものであり、それがあらゆる真理を創り出すのである。物事というものは、信じられれば信じられるほど、それだけより真実のものとなるのであり、そして物事に真実性を与えるのは、知性ではなく意志なのである」と断言する。

一九一四年に、最初の著作として『ドン・キホーテをめぐる思索』を発表したオルテガは、「ドン・キホーテは近代の苦悩に打ちひしがれたゴシック様式のキリストであり、純真さと意志を見失ってさらに新しい純真さと意志を求めてさまよう、苦悩に満ちた想像力が創造した、われらの町の滑稽なキリストなのだ」と述べる。二〇世紀思想史に重い存在感を残すオルテガの徹底した「精神の貴族性」には違和感を覚えるが、意志への志向が放つ熱気には心を揺さぶられる。オルテガが語った「私は、私とその環境である。そしてもしこの環境を救わないなら、私も救えない」という言葉は決定的である。

いうまでもなく、二一世紀に生きる我々は「正義」、すなわち価値基準というものに対して冷静で相対的でなければならないだろう。何が正義かなど、考えれば考えるほど深い闇の中に包まれていく時代なのだから。しかし、それを「ドン・キホーテ的」と言おうが、我々は「正義とは何か」「我々は何を実現していくべきなのか」を希求する姿勢を失うべきではないのだ。

経済活動の現場にある者として、「あるべき社会」を探究することは容易ではない。欲望と計算が渦巻く現場の潮流の中で、正しい筋道を議論することなど浮世離れした書生論と嘲笑の対象になりかねない。あまりにも現場感覚から乖離した理想論を述べても、議論として力を持たない。心の中での「折り合い」を求めて、ぎりぎりの葛藤と向き合わねばならない。それでも、いま我々が置かれている途方もない混迷の中で、ただ潮流に飲み込まれていくのではなく、主体的に思考を深めるべきである。本書は、そうした思いを込めて辿った思考のプロセスを体系的にまとめたものである。

本書の前半は雑誌『中央公論』に世紀末の一九九八年から世紀を超えての二〇〇一年初頭にかけて発表してきた論文を収録したものであるが、単行本にする作業を通じて、さらに論点と主張を整理してみた。特に「Ⅲ部　構想――再生への視座」と「Ⅳ部　総括――二一世紀・ネットワーク共同体に可能性はあるか」を付加することによって、我々が踏み込むべき二一世紀の日本再生への方向を総括的に論じてみた。

思えば、この三年間は日本にとって屈辱の三年であった。冷戦後の世界潮流に飲み込まれた挙句の「究極のシステム劣化」を思い知らされた世紀末であった。寒々とするような混迷の中で、我々は筋道立った思考と再生への情熱を取り戻さなければならない。そうした作業に向かう私を力づけてくれたのは、ミュージカル「ラマンチャの男」の劇中劇でドン・キホーテを演じたセルバンテスが、牢獄の中で看守に引き立てられながら残す最後のセリフ「私もラマンチャの男だ」であった。この言葉を小声でつぶやきながら、日本の「失われた一〇年」を見つめて私も腰を上げようと思う。

二〇〇一年春、我々の目の前にあるのは、ガバナンスと制御力を失った日本という現実である。日本はかくも虚弱な国だったのか。日本人には自らを変革する力もないのか。そして、資本主義はかくも荒寥たるマネーゲーム状況を実現するために歩んできたのか。自問の中で、闇の彼方にある光を見つめていきたい。

I部　主　張

――「正義の経済学」を求めて

1 「正義の経済学」の復権
――高度情報資本主義時代への視座

いま、我々はどこに立つのか

経済とは本来、人間社会における価値の創造と配分をめぐる熱いテーマである。そのことがすっかり見失われている。「経世済民」という語源を想起するまでもなく、経済を論ずることは「あるべき社会」を論ずることであった。一九世紀末にマルクス主義の怨霊にとり憑かれ、「すべての社会悪は階級矛盾の深化に由来する」として、階級矛盾を克服するという社会主義の実験に疲れ果てた二〇世紀の一〇〇年。いま我々は世紀末に立って、「脱イデオロギー」の名のもとに「あるべき社会」を論ずることを避け、もっぱら市場の効率を探求している。勢いづく市場主義の前に、なすすべもなく立ち尽くしている。本当にこれでいいのだろうか。

思えば、「不条理」への怒りも「正義」への情熱も何処ともなく消えていった。ただ「市場の声」を唯一の価値基準として、効率化のゲームに専心しているのが冷戦後の一九九〇年代を生きてきた大部分の経済人の姿である。それでは、この世から「不条理」はなくなったのであろうか。「不条理」とは、後述のごとく「本人が責任を問われる必要のないことで苦しまねばならない状況」を意味する。困惑の中で、自分たちが立っているところを確認するために、一世紀近く前の先人が書き残したことを再読することからこの稿を始める。

一九一〇年（明治四三年）二月号の『中央公論』に、河上肇は「経済上の理想社会」という論稿を寄せている。日露戦争から五年後の時代を背景とした論文である。この中で河上は「経済社会の理想は経済社会の自滅にあり」とし、「経済社会の理想は人をして経済行為てふ労働の苦を忍ばしむこと無うして、ただひとへに消費行動てふ充欲の快を享けしむるにある」と言い放った。つまり、彼は、労働時間の短縮・職業の増加・職業の自由を通じた「労働の遊戯化」をもって望ましい状態であると論じたのである。確かに、日露戦争後の産業化の黎明期という当時の一般的な労働環境を想像するならば、労働はまさに苦役であり、それからの解放こそ理想の経済社会であるとした認識は十分に理解できる。

その後、河上肇は一九一七年（大正六年）に『貧乏物語』を書き、「貧乏」という不条理の構造にアプローチ、なぜ「貧乏」が生じるのか、どうすれば「貧乏」を根治できるかという問題意識を追求した。労働の苦役と貧困の存在という社会状況を前にして、誠実にものを考える社会科学者ならば、なんとかしてこの問題を構造的に克服したいと考えたとしても不思議ではない。そして、河上自身も二〇世紀の多くの若者がそうであったごとく、社会主義・マルクス主義による「階級矛盾の克服」に解答を求めて苦吟したのである。

その河上が、軍国日本が敗れ去った一九四五年の八月一五日の「終戦の日」に、次のような歌を詠んでいる。「大いなる饅頭蒸してほほばりて茶を飲む時もやがて来るらむ」──今日的感覚からは想像もできないような、普通の国民が饅頭さえ食べられなかったという経済的苦境が、この国に、ついこの間まで存在したのである。

以来、半世紀が経過し、我々は途方もなく複雑な状況の中にある。だが、一九九〇年代こそ「失われた一〇年」といわれるほどの混迷・低迷を続けてきたが、それでもこれまでの五〇年間の年平均実質成長率五%強という異様なまでの成長過程を戦後日本は歩んできたのである。これは世界史の中でも例のないことである。英国が覇権国だった一九世紀の同国の年平均成長率は一%強、「アメリカの世紀」といわれた二〇世紀の米国の年平均成長率は二%前後と推計されており、いかに日本の戦後が例外的だったかが分かる。

こうした極端な右肩上がり経済の中で、「銀座のホームレスも糖尿病」といわれるほどの飽食の時代が実現された。「食べるために働く」という自嘲的表現は残っているが、実態は苦役としての労働からは解放され「食べるぐらいならばなんとかなる」状況に大部分の人が生きており、「鉄鎖以外失うものはない」とされた労働者にしても、家・車・家電機器・衣料・雑貨など山のようなモノに取り囲まれて生活するようになった。紛れもなく、恵まれた物的生活の中にある。

にもかかわらず、我々の心に宿る不満と不安は深い。貧困も抑圧も強制も軽減され、ほとんどの不条理を克服したかに見える状況の中での不満を、ジャーナリストであるロバート・サミュエルソンは「豊かさの中の不満」と呼んだ。"*Good Life and Its Discontents*"（良い生活と不満）"（一九九五年）と題する本で、サミュエルソンは一九九〇年代の米国の「期待と幻想が大きすぎる」社会状況を分析した。欲望を育成する社会メカニズムを分析した五八年のK・ガルブレイスの『豊かな社会』や産業化・近代化の過程で自律的人間が受け身の「他人志向型人間」に変質することに迫ったD・リースマンの『孤独な群衆』に比すべき新しいアメリカ社会論という評価もあるが、なぜ人間は豊かさの中で不満を持つのか、については十分に説得的な作品とは思われない。

日本においても、「豊かさの中の不満」を批判的に論ずる論者は多く、ともすると「贅沢な不満」「恵まれ過ぎた者の甘え」といった認識に立った精神作興論に流れがちである。

それらが個人の心構えとしての「清貧の思想」にとどまっている限り一定の敬意を表するが、精神性を振りかざすいかがわしい宗教や自己啓発ブームの温床となっていることには懸念を抱かざるをえない。こうした議論に逃げ込む前に、我々は知恵を絞って「社会システムの変革」の問題として、我々が直面している状況を体系的に解析することにこだわり続けるべきである。事態は精神論でかたづくほど単純ではない。

「正義」に苦悩した二〇世紀

唐突に、「正義の戦争」という言葉が新聞紙上に登場した。一九九九年のNATO(北大西洋条約機構)によるコソボ空爆の時である。コソボにおけるアルバニア系住民に対するミロシェビッチ大統領率いるユーゴスラビア軍の虐殺行為を抑えるべく、人権を守るために「正義の空爆」を行うというものであった。NATO軍、とりわけその中核となっている米国が語る「正義」がどれほどのものか。複雑な思いで事態を見守った人は少なくない。醒めた見方からすれば、社会主義者の十八番《おはこ》「インターナショナル」を謳ってきた共産主義者ミロシェビッチの最後の拠り所が「ナショナリズム」であり、それを攻撃する米国のクリントンが、自らの徴兵忌避や数々の矮小なスキャンダルをも省みず、「人権という正義」を掲げているという構図は、世紀末のブラックジョークの類のものであった。

思えば、二〇世紀は「正義の戦争」を繰り返してきた。ヒットラーやムッソリーニにでさえ、彼らの論理からすれば自らの民族にとっての正義の戦争を戦ったことになるのであろう。第一次世界大戦での死者一三〇〇万人、第二次世界大戦での死者五〇〇〇万人、そしてイデオロギーの名のもとに「革命の敵対者」として粛清された人は億単位と推定される。すべて「正義の戦い」の犠牲者であった。興奮して語られる正義がいかに空しいものかを思い知らされてきたのがこの世紀であった。K・ポッパーが「歴史的宿命という峻厳な法則を信じたファシストやコミュニストの犠牲となった、あらゆる信条、国籍、民族に属する無数の男女への追憶に献ぐ」として刊行した『歴史主義の貧困』（一九五七年）で論じたごとく、全体の正義なるものを冷静に相対化して捉え直すことが、二〇世紀後半の時代思潮となった。つまり、二〇世紀とは「正義」を相対化させるプロセスだったとも総括できるのである。

しかしながら、正義を相対化させることは、あらゆる価値やモラルを相対化させ倫理的ニヒリズムに陥る危険を内包している。事実、「この世の中には信ずるべき絶対的正義も真理もないのだ」という風潮が時代の主流になっていることは否定できない。ただし、イデオロギー過剰の時代への反動で限りない価値の相対化が進行する中で、真剣に「正義」について思索した先人がいたことも事実である。いまでは忘れられてしまった感があるが、ジョン・ロールズが『正義の理論』を発表し、市井三郎が『歴史の進歩とは何か』を出版したのが一九七一年であった。

私自身の記憶の中でも、ロールズの『正義の理論』と市井三郎の『歴史の進歩とは何か』との出会いは衝撃的だった。学生時代であり、教条的左翼文化の余燼が燻る中で、イデオロギーと距離をとりながら真摯に社会システムとしての正義を探究する知的営為に感動を受けたものである。

ロールズの『正義の理論』は、「公正としての正義」を志向して福祉国家を擁護するリベラリズムの古典となった趣があるが、一九九九年末にロンドンを訪れた際、改訂新版が書店に平積みされているのをみて、まだまだ知識人の間では健在という印象を受けた。また市井が、経済成長志向の進歩史観を否定しながら、「歴史の進歩とは、自らは責任を負えないことがらに起因する不条理な受苦を社会的に軽減すること」と主張した価値基軸は、その後の私自身の社会との関わりにおいて常に思い起こされたものである。個人的体験を超えて、二〇世紀を真面目に考える人ならば、戦争と革命にまつわるさまざまな悲劇を超えて、あるべき社会と実現されるべき正義を求めて苦闘した先人の足跡を無視できないはずである。

また、一九九八年のノーベル経済学賞に『不平等の再検討』(九二年)を書いたインド出身の経済学者アマルティア・セン（ケンブリッジ大学教授）が選ばれたことは、驚きであるとともに、まだ世界はバランスを失ってはいないという思いを抱かせた。発展途上国の貧困や飢餓の問題を追う彼の経済学が、市場主義を掲げる新古典派経済学の黄金時代に評価を得ていることが重大なのである。セン教授は九九年には“*Development As Freedom*”（邦訳『自由と経済開発』日本経済新聞社）を出版し、「不平等と民主化の遅れが飢餓をもたらす構造」を歴史的に解明し、発展途上国における開発独裁にも批判の目を向けるとともに、人権思想を占有するかのごとき米国の価値への画一化にも警戒的な視点を提示した。「福祉と自由」を探究する彼の姿勢には、「何のための経済学」なのかを問いかける問題意識が貫かれている。思い起こせば、ケインズも「経済学はモラル・サイエンスであって自然科学ではない。経済学は内省と価値判断を用いるものだ」と説き、「経済的効率、社会的公正、個人の自由」という三つの価値のバランスを求め、正義と公正への問題意識を見失ってはいなかった。

改めて語るのも面映ゆいが、経済を語ることとは、本質的にあるべき社会を求めて社会哲学を語ることなのだ。そして、二〇世紀に関わってきた先人の知的苦闘をベースに、世界の良識ある人たちがおぼろげながら辿り着いた結論は、唯一の価値を他者に強要する「積極的正義」には共鳴できないが、多様性を大切にする寛容性、複数の制度の共存を許容する柔軟性を大切にしながら、「不条理」を組織的に軽減していこう、というものといえよう。こう考えてくると、いま我々が立っているところは、二〇世紀の知的蓄積とはあまりにもかけ離れた「市場主義という名の米国型価値」への画一化の危機にあることに気づくのである。

新たな不条理とは何か

「新資本主義」といわれる潮流が世界を席捲し、市場主義による豊かさの幻想の中で、この世から不条理が消滅しつつあるのかと問えば、とてもそうとはいえない。むしろ、まったく新しい不条理が登場、増幅されていると思われるのである。「新資本主義がきた」とする日本経済新聞の特集企画における時代認識が、我々が一般的に有する時代認識の定番といえるものであろう。つまり、ここでいう「新資本主義」を規定するキーワードは「市場の力、インターネット、グローバル化」であり、二〇〇〇年の企業経営者の年頭の辞を見ても分かるように、産業人の共通認識ともいえるほど、ほぼすべての経営者がオウムがえしに言及する固定観念となっている。そして、こうした認識に追い詰められた強迫神経症のごとく経営における「スピードとリスクテイク」が叫ばれているのである。

かかる時代認識が間違いというわけではない。「インターネット」に象徴される情報技術革命にしても、加速度をつけて世界に定着しつつある。一九九九年三月時点での、インターネット利用者は一・七億人と推定されているが、北米が約六割を占め、残りは欧州が約二割、日本を含むアジアが一六％とされる。この数字が三年以内には五億人を超え、特に欧米以外の地域での普及が急伸すると思われる。こうした情報技術革命の潮流が、国境を超えた企業活動と相関し、貿易・投資や企業間の戦略的提携を促して、地球全体を戦略視界に入れた「経済のグローバル化」が進展していることも間違いない。簡明に言えば、「情報技術革命×グローバルな市場化＝新資本主義」というべき構図が成立しているということである。それは、生産手段において「情報」という要素が比重を高め、しかも経済活動が国民国家という枠組みを超えた「高度情報資本主義」が本格的に到来したことを意味する。

新資本主義についての議論を注視するならば、その光の部分を強調し、これによって見事に効率化された経済システムが実現できるという願望を強調する議論か、もしくはこれを不可逆のメガトレンドとして受容し、理屈を超えてこの流れに従っていかねばならないとする大勢順応の議論が大部分である。そこには「あるべき新資本主義」の議論がない。その意味で、新資本主義が顕在化させつつある問題、つまり新たなる不条理について二点を抽出しておきたい。

(1) 金融過剰経済の不条理

ＩＴ（情報技術）革命の震源地は、いうまでもなく米国である。コンピュータの開発にせよ、インターネットの基幹技術の開発にせよ、軍事技術の民生転換という要素を内包しており、戦後五〇年の冷戦期における軍事分野への累積投資の裾野に米国のＩＴ革命が花開いてきたことは間違いない。この技術基盤が一九九〇年代の米国経済を再活性化する起爆剤となり、情報ネットワーク型産業社会を実体化させてきた。

米国産業の分析によれば、ＩＴ革命が最も効果をあげているセクターは流通である。情報ネットワーク化によって流通の生産性をあげ、コストを引き下げていることが検証されている。また、ＩＴ革命は製造セクターにもインパクトを与え、ＩＴを駆使した生産管理、設計システムの高度化によって、めざましい効率化と生産性向上が報告されている。「産業の情報化」といわれるごとく、あらゆる産業分野に情報技術革命の成果が反映されていることも確かである。

しかし、より深く観察するならば、ＩＴ革命を受けて途方もない事態が進行していることに気づく。それは情報技術を駆使した金融の肥大化である。一九九〇年代の米国の産業動向の中でのきわだった特色は、直接金融セクターの拡大である。直接金融、すなわち非貯蓄系金融機関（ノンバンク）が、例えば４０１ｋ運用の投資信託やヘッジファンドなどの金融機関のごとく、この一〇年で急成長を遂げたのである。

モノの動きを実体経済、カネの動きを金融経済と呼ぶならば、この一〇年間で、世界経済はモノの取引をはるかに上回るカネの取引がなされる構造へと変質した。今日、一日当たり世界貿易は約一八〇億ドルであるが、その一〇〇倍を上回る外国為替取引が行われている。特に注目すべきは、ニューヨーク外国為替市場の取引量の拡大であり、この一〇年で、東京市場が一・四倍、ロンドン市場が二・三倍になったのに対し、ニューヨーク市場は四・九倍になっている。この間の世界貿易の伸びが二・二倍であるから、いかにニューヨーク為替市場だけが拡大したかが分かる。

この背景には、いうまでもなくデリバティブを扱うヘッジファンドなどの活動がある。デリバティブはいわばITで武装した先端的金融工学の精華ともいうべき存在である。株式・債券・為替などの金融取引に伴うリスクや損失を極小化するために、「スワップ、オプション、先物取引」の組み合わせなど高度な金融技術を使って開発された金融派生商品がデリバティブであり、約言すれば情報ネットワーク技術を前提として成り立つ金融ビジネスである。「リスクの極小化」は、ビジネスにおける当然の問題意識であり、金融工学がITを利用して開発した先端的金融技術も、その意味では評価されてよいが、問題は金融技術が独り歩きし、実体経済から乖離した金融の肥大化を招いていることである。

一九九八年のロシア金融危機によって破綻して話題になったLTCMは、デリバティブの理論（ブラック=ショールズ・モデルといわれるオプション取引理論）で九七年のノーベル賞を獲ったM・ショールズやR・マートンが参画した優良企業とされていたが、理論通りにはいかないことをみせつけることとなった。LTCMの自己資本は二二億ドルであったが、「レバレッジ（梃子）」を利かせる形での信用創出で、実に一二五〇億ドルもの資金を運用していたという。「これも新しい付加価値の創出」という議論もあるが、誰のための、何のための付加価値の創出なのかと考えると疑問が深まる。本来、金融業とは、余剰資本の所有者から過小資本の事業者に資金が適切に回るための効率的触媒として機能する存在であったはずだが、IT革命を利した金融技術によって金融の自己目的的肥大化が進行しているのである。そして九〇年代に起こった金融危機のごとく、短期資金を「マネーゲーム」のように移動させる直接金融における信用の増幅と収縮が実体経済を動揺させているといっても過言ではない。

こうしたITで武装した直接金融の肥大化に社会的効用があるのだろうか。米国の金融関係者と議論しても納得のいく説明はない。確かに、株の高騰によって株式保有者にキャピタルゲインという形で付加価値を分配していることになるかもしれない。しかし、個人金融資産の五割近くを株式市場に投入するような株式引き上げゲームへの熱狂の反動こそ怖いというべきであろう。しかも、ヘッジファンドなどの多くは、ケイマン諸島などのタックス・ヘイブン（租税避難地）を利した節税テクニックを駆使しており、「納税を通じた社会還元」さえ捕捉不能というのが実態である。かつての資本主義批判に「万物の商品化」という言葉があったが、ITをも使った「高度化されたギャンブル」に我々は翻弄されているのである。そこにあるのは、資本主義の傲慢と堕落である。

若干の皮肉を込め付言しておくならば、ITで武装した金融の肥大化が進行している背景には、MBA（経営管理修士）とか弁護士、ITエンジニアなどの知的専門職能者の増大がある。「にわとりと卵」型の議論だが、ニーズがあってこれらの知的専門職が増えているのかというと、必ずしもそうではなく、これらの人たちが自分たちの飯の種となるビジネスを創出し、そのために本来社会的には必要もないビジネスが水膨れしているという面もある。MBAは全米約七〇〇校の大学で毎年三万人誕生しているといわれる。その大部分は金融技術を学ぶコースであり、卒業までの負担コストは平均一二万ドル、平均初任給は八万ドルとされる。これらの人たちが投資コストをすばやく回収するために、金融技術を生かしたビジネスを創出するわけである。

また「ディール」といわれる個別ビジネスの契約には十重二十重に弁護士が登場する。全米には日本の三〇倍もの約一〇〇万人といわれる弁護士が存在、異様なまでの訴訟社会が形成されている。契約から訴訟まで、もっぱら弁護士が儲かる仕組みが機能しているといっても誇張ではない。「ブードゥー・エコノミー（呪術経済）」という言葉を思い出すが、無から有を生ずる錬金術のように情報技術と金融技術で幻惑して「頭のいい人」だけが巨万の富を作り出す経済は健全ではない。「頭脳産業」「知価革命」ときれいごとだけでもて囃すことは、効率と打算の司祭ともいうべき無機的人間に拍手を送ることである。

実体経済から乖離した金融経済の肥大化の問題を考察していると、大きな課題に気づく。金融、すなわち信用経済が肥大化しているのになぜインフレが高進しないのか、という問題である。米国の一九九〇年代経済をみていると、確かに「インフレなき継続成長」を実現しており、「IT革命によって経済システム全般に効率化・低コスト化がもたらされ、好景気なのにインフレにならない構造転換が進んだ」とする「ニューエコノミー」論者の議論が説得力を持ってくる。私は後述のごとく、ITによる効率化を通じた賃金増を伴わない雇用水準の維持という要素も重要と考えるが、より本質的には、進行しつつある直接金融の肥大化が「お金がモノに回らない」メカニズムを有し、従来の「需要・供給曲線」型の価格決定論を超えた状況にあるためと思われてならない。

金融過剰の成熟型資本主義のための新しい経済学が求められている。物的消費生活が飽和状態に近づき、物価統計が経済生活の実態を反映していないという面もあるであろう。

それにもまして、仮説的であるが「マネーゲーム」に向かうお金（信用）の大部分が特定の金融業界の中だけで循環し、モノを消費する市場には限定的にしか向かわないという面が注目されねばならない。「株が高騰してもヨットハーバーが混むだけ」という冗談があるが、ヨット、高級車、別荘などが売れても、人間の消費生活の基本たる衣食住に普通の市民が費やすお金には限度がある。特に米国という国では、スーパーマーケットで買い物をして生活している限り、基本生活資材は安く、生活コストがかからない。ヘッジファンドなどのお金がコンピュータの中を数字として肥大化して循環しているということと、生身の人間の経済生活の段差との中で「インフレなき成長」が現出しているというのが、実感である。

(2) 働く意味の変質と新しい貧困の不条理

ＩＴ革命が社会構造を変えている積極的意義が強調されがちである。なるほど、ＩＴ革命はこれまで「壁」とされてきたもの、例えば国境の壁や距離の壁を、ネットワーク化によって突き崩しつつある。つまり情報技術を使いこなせば、小さな国であろうが、遠隔地であろうが、的確な情報によって世界とつながり、自らを変革し、高度化するチャンスを均等に得られるのである。また、系列を持った大企業だろうが、ベンチャー企業だろうが、あるいは一個人だろうが、公平に情報回路を有することになり、「格差や差別」の少ない、シームレスでフラットな関係が一般化する社会構造をもたらしつつあるともいえる。ビル・ゲイツでも孫正義でも新興の「IT億万長者」が生まれている状況をみれば、一時代前とは違う可能性の拡大に拍手を贈りたくなる。

こうしたIT革命の効用を十分に認めるにしても、「新資本主義」の現状を単純には楽観できないのである。現実に、二〇世紀末の世界で進行していることを直視してみよう。何よりも気がかりなのは、富の二極分化である。IT革命による効率化、グローバルな市場化による競争主義の徹底によって「強い者はより強く、弱い者はより弱く」の潮流が形成され、競争に勝った者（勝ち組）と敗れた者（負け組）の格差は大きく拡大している。

国連開発計画（UNDP）が一九九九年夏に発表した報告によれば、世界で所得の多い上位二〇％の人たちと所得の少ない下位二〇％の人たちの所得格差は、六〇年には三〇対一だったが、九〇年には六〇対一になり、九七年には七四対一になった。世界では、一日一ドル以下で生活する人が現在も一三億人いるのに対し、IT成金を中心にした世界の高額所得者二〇〇人は過去四年間で資産を合計一〇兆ドルに倍増させたという推計もある。IT革命の震源地である米国でも、分配の格差は一段と拡大している。「貧困レベル」以下の家計（九八年の場合は年収一・六万ドル）の人口は三四五〇万人と、九三年の三九三〇万人よりは減少したが、八〇年の二九三〇万人からみれば、好景気が継続しているのに減っていないし、黒人・ヒスパニックなどのマイノリティーの貧困者比重が高いことも事実なのである。また、八〇年代には、米国の大企業のＣＥＯ（最高経営責任者）は従業員の平均四二倍の所得を得ていたといわれたが、九八年のそれは四〇〇倍を超えたという。

所得格差の問題だけではない。ＩＴ革命によって「働くことの意味」が本質的な変更を迫られていることに気づく。コンピュータ化、オンライン化によって仕事の中身は急速にマニュアル化されシステム化され、誰でも代替可能なものとなりつつある。「アウトソーシング」が企業経営効率化のキーワードのようにいわれるが、突き詰めていえば、外部委託しても大丈夫なように労働が平準化されてきたということである。例えば、コンビニエンスストアの店員のように、ＰＯＳ端末の光学読み取り機で商品についたバーコードをなぞれば、新人でもその日のうちに仕事に慣れるような経営管理がほとんどの職場で常態となっていくのである。

情報技術革新があらゆる産業活動の現場を効率化しているが、その意味するところを集約的に表現するならば、「中間管理職は要らない」という経営になってきたということである。中間管理職は「情報の結節点」としての機能を果たしてきたけれども、オンライン化とは結節点なしに情報が直接繫がる仕組みであり、限りなく中間職能者は不要になるのである。このことは、九〇年代の米国の雇用統計を睨めば検証できる。

まず、失業率は低下しているがレイオフ（人員整理）は減らないという構図になっている。一九九二年に七・五％だった失業率は四・一％にまで低下、これは実数で六〇〇万人近くの雇用増を意味するが、この間に米国の大企業たるフォーチュン五〇〇社は三〇〇万人以上のリストラによる人員減を実現した。主として中間管理職の削減である。これにより、米国では年収三万ドル前後のチープジョブ（安手の仕事）は山ほど増えているが、年収八万ドル以上のアッパーミドルが満足する仕事は増えていないという構図が定着している。

単純化していえば、ＩＴ革命を利した「新資本主義」が目指す理想の企業経営体制は、少数の経営者とそれを取り巻く高度な専門家スタッフ（ＭＢＡ、弁護士、システム開発者など）と大多数のマニュアルに沿って現場を支える単純労働者群とによって形成され、昨今「ブルーカラー（肉体労働者）」「ホワイトカラー」に並んで第三の存在とされる「カーキカラー（システム管理者）」が今後増加するにしても、それらは決して一〇万ドルの年収が得られる仕事ではない。つまり、仕事の内容そのものが、大部分の人間にとって過酷な苦役でこそないが、全人格的な創造の喜びが期待できるものではなくなっていくということである。かつて河上肇が夢見た「労働の遊戯化」が達成されたようにみえて、「働く喜び」も空虚なものとなりつつある。

一九九九年秋のNHKテレビ番組「クローズアップ現代」において、興味深い報告があった。ある都立高校の同年春の卒業生の五一％が、進学も就職もしなかったというのである。何例かの追跡調査の映像が放映されたが、ほとんどは「自分の本当にしたいことが見つかるまで」としてフリーターで生計を立てているというものであった。親の世代が期待する「いい大学、いい会社」「手に職をつけて安定」という人生設計に対し、アルバイトで生活する「自分探し症候群」の若者がクールに落ち着いているのが印象的だった。私自身、いくつかの大学での講義を通じて学生に触れてみて、学生たちは自分たちを待ち構えている「働く環境」を直感していると感ずる。働くことで年功を積み上げても報われない新しい社会システムが待っていることを。

これまでは、企業社会の階層構造の中で「年功序列」型の昇進が期待できた。しかし、高度情報社会型のフラットな職能管理が求められ、年功昇進による満足が味わえる時代ではない。IT革命によって「熟練」とか「年功」といった従来の価値が意味をなさなくなった。かつて二〇年の熟練を要した職人技的技術がコンピュータを駆使した設計・生産管理によって、入社数年の若い技術者によって簡単に代替されるものとなっている。パソコンもまともに使えぬ管理職が、職場の若いOLの軽蔑の対象となっている様は、珍しいシーンではない。

ＩＴ革命の進行の中で、労働組合も根底から存立を問われている。アウトソーシングによるパートタイマーと正規雇用者の混在の中で、いかにして労組の空洞化を避けるのか。また、専門職能を探求することに専念し、組織内のタテの階級構造での昇進と組織管理にまったく無関心になりつつある労働者をいかにして組織化するのか。労働の流動化とフラット化する人間関係を前提にする時、旧来型の経営が通用しないように、旧来型の労組運動も機能しなくなる。個々人の専門性や特色をフラットに並べて総合化して組織効率を目指す経営が常態となる中で、「団結」という意識さえ持ちえなくなりつつある労働者の基本的雇用条件を劣化させず、働く権利を建設的に守る組織論を組み立てることは容易ではない。

もう一点、情報化と分配の相関について触れておきたい。多く指摘されているごとく、情報化と所得配分は極めて相関している。どの国でも、所得の多い階層ほどパソコンを所有し、インターネットを利用しており、所得の低い階層のＩＴへの参画は立ち遅れている。世界的にも情報化格差は深刻であり、「一台当たりのパソコンの価格は、米国では勤労者の平均所得の一カ月分に相当するが、バングラデシュでは八年分の所得に相当する」といわれる。「情報リテラシー」（識字率に対応するＩＴ理解度）という言葉さえ使われ、「新しい貧困」という課題が浮上している。

正義という価値の復権

あらゆる社会科学は、時代の不条理を解決する力となりうるか否かによって評価されねばならない。この一点を見つめ、新しい不条理に立ち向かう意思を蘇らせることを主張したい。資本主義は、目先の利益の極大化だけを図る品位の低い仕組みではなく、絶えず時代の問題と批判を真剣に受け止め、自己変革を進めてきたからこそ、今日の世界の大部分で採用された仕組みとして存在しているはずである。もちろん、資本主義という仕組みには、欲望とか創造的破壊といったドロドロとした情念が絡みつき、聖人君子のキレイゴトではすまない要素がエネルギー源ではあるが、「善悪双方のポテンシャル」の高まりを制御していく粘り強い知恵が大切なのである。

残念ながら、今日の状況は「悪のポテンシャル」のほうが高まりつつあるといわざるをえない。日本において、一九九九年噴出した「不祥事」なるものを、警察官や教員のスキャンダルから商工ローン問題、法の華問題、そして東海村ＪＣＯの被曝事故まで、見事なまでに貫いている問題は基軸になる価値の融解である。そして、なぜ価値が融解してしまったのかを省察すれば、「この世には、カネやモノを超えた価値が存在する」ことを軽視し、「儲けた者が勝ち」という時代を作ってきたことに気づくはずである。法の華や商工ローンの当事者が「カネを出したいやつが出しただけ」「借りたいやつが借りただけ」といい、「違法行為ではない」というのをみると、「ニーズに対応し違法でさえなければ何でもあり」という拝金主義の時代風潮を代弁している感がある。

いかなる地方都市であれ、日本の都市の駅前に立ち、ネオンと看板を見わたしてみるがいい。そこには、やたらにサラ金とパチンコ屋の看板だけが目立っているはずである。ある韓国人の友人が「韓国ではサラ金は許可されていません」と語っていた。消費者金融で「気軽に」金を借りてまで消費を促す経済、もの悲しいまでに荒廃した拝金主義の光景を、日本は作ってきたのである。

私自身、一〇年の米国生活の後、帰国していくつかの大学の教壇に立ってみて、「日本の若者は気の毒だ」という印象を強く持った。なぜならば、自分が目指したいと思う大人社会のモデルがないからである。つまり、どんな大人になりたいのかを真剣に模索すべき時に、目の前に展開されているものが、無から有を生ずるがごときマネーゲーム礼賛の状況なのである。したがって、テレビの中で楽しげにやっている「未熟な子供アイドル」や「無芸なタレント」のごとく、世の中で「受ける」「売れる」ことが価値だと思い、何の蓄積がなくとも、ゲームのように金儲けできることを自分の進路に重ね合わせるのである。

「どういう大人になれば評価されるのか」というモデルが揺らいでいる社会は危うい。

例えば、一五年以上前になるが、この国の新聞には「技能オリンピック」の記事が一年に一度は大きく報道され、旋盤など製造業の現場を支える若者がメダルを獲った誇らしい姿が紹介されていたものである。奇妙なことに、最高位を長い間占めてきた日本のメダル獲得数は一九八五年大会を境に凋落し、この種の報道もいつしか消えていった。九九年は、珍しく日本も頑張って金メダル六個で第四位だったというが、モノ造りの現場を支える若者の状況を象徴するトレンドである。面白げに遊んで歌って踊っていれば金が稼げる状況を「うらやましい」とする価値が、どのあたりから蔓延してきたかを考えさせられる。

筆が走ったが、現代における正義の復権、あるいは不条理の排除を構想する時、新しい視界と理論枠が必要なことを痛感する。何よりも、高度情報資本主義と対峙し、あるべき価値を探求しようとしても、「正義に対する悪の不鮮明」とでもいおうか、対決すべきものが明確でないというジレンマがある。かつて、マルクスとその継承者たちか提示できた、「階級の敵」や「抑圧者」を探しても、そんなものは存在しない。あえていえば、時代メカニズムの総体が問題を内包しているということであり、グローバルな市場化とＩＴ化の相関がもたらす光と影の総体を視界に入れて、あるべき「価値」を求め続けねばならないのである。“Accidental Revolution（偶然の革命）”という表現があるが、見えない、意図せざる革命が進行していることが、この時代の難しさである。

基本的に「見えない革命」の進行なのであるが、見えない中であえて何に知的緊張感を持って対峙すべきかを突き詰めていくならば、やはり「米国型画一化の拒否」という地点に立たざるをえない。本稿で論及してきた「新資本主義」も、再三言及してきたごとく米国を震源地とする世界の震動である。その原理は力と効率の論理である。米国はよく「理念の共和国」と表現されるが、自らの掲げる価値に対する思い入れの激しさは特筆すべきものがある。多民族国家を束ねるためには、中心になる理念や価値が必要、という説明もあるが、現在の米国が世界に対して掲げる価値は、「政治的には民主主義」であり「経済的には市場主義」である。これこそ文明と理性に基づく普遍的価値とする独善のボルテージは、冷戦後といわれる一九九〇年代以降、一段と高まっている。

さらに気になるのは、このところ米国は自らが主導しているはずの「新資本主義」を中核とするグローバリゼーションを、責任を持って制御していく能力も意思も失いつつあるということである。こうした米国の内向化は、リーダーたるべき米国に対する世界の不信を招きつつある。一九九九年のCTBT（包括的核拡散防止条約）の批准拒否やシアトルのWTO（世界貿易機構）会議の破綻は、米国が自らが主張している価値を実現するために必要なリーダーの忍耐も調整力も見失い、「自国中心主義」に傾斜しつつあることを物語っている。こうした動きは大統領選挙を控えた一時的国内事情と解説されがちだが、第一次大戦後に、W・ウィルソン大統領が「国際連盟」を提唱しながら、自らは加盟せず、結局は第二次大戦へと向かった「危機の二〇年」を制御できなかった不幸を想起させるものである。

こうした米国に対して一線を画し、新しい路線を模索しているのが欧州である。一九九〇年代の欧州は、二つの実験によって「米国型」との違いをきわだたせている。一つは「EUの経済統合の実験」であり、あらゆる悲観論を超えて、通貨統合の局面にまでコマを進めている。これらを促しているモチーフは「積極的自立」であり、ドルの一極支配に対する欧州の人々の「欧州の欧州化」への希求と判断できる。また、国民国家の基本単位たる通貨発行権まで放棄することは、二〇世紀の国際関係の基本要素としてきた「国民国家」（一民族一国家制度）という仕組みを根本的に再検討する時代を予感させるものである。米国とロシアという冷戦期の五〇年間の世界秩序の中心にあった二つの国は、国民国家制の流動化という新しい潮流に対して保守的・固定的であり、むしろ偏狭なナショナリズムや自国中心主義に回帰している傾向さえあり、欧州とは対照的である。

もう一つの欧州の実験とは、いうまでもなく、「ユーロ社民主義」の実験である。一九九〇年代前半の欧州は、英国のサッチャー革命に代表されるように、米国流の市場主義、競争主義を導入して経済の活性化を図るというものであった。ところが、九七年の英国労働党T・ブレア政権の成立以降、フランスもジョスパン首相率いる左翼連合政権となり、九八年九月のドイツの選挙でも一六年間政権を維持してきたコールが敗北、社民党と緑の党の連合によるシュレーダー政権となった。現在、EU一五カ国のうち、実に一一カ国が「中道左派」政権となっているのである。この潮流の背景にあるのは、社会主義の復権などではなく、「市場経済下の社会政策の重視」、つまり市場主義の過剰の中で生じる不条理に対し、「分配の公正、雇用の安定、環境保全、福祉の充実」などの社会政策によってバランスをとろうという思潮である。ブレアの「第三の道」もシュレーダーの「社会正義の実現」も、市場の効率と社会の公正のバランスを目指すところに、その本質があるといえる。

「ユーロ社民主義」の挑戦が顕在化して三年になろうとし、米国の発信するグローバリズムに対する批判、問題提起としては一定の意義を示しているが、具体的政策論となると、ユーロ社民主義の限界も見えたとの評価も出始めている。一九九九年の欧州議会選挙における社民勢力の後退、さらにはドイツの地方選挙における相次ぐ社民党の敗北とシュレーダー政権の政策の迷走（ある時は競争志向政策、またある時は政府介入保護政策）がそれを象徴している。それでも、「セーフティーネット」などの新しい分配・福祉政策、「ワークシェアリングや週三五時間労働制」などの雇用維持政策は、すべて欧州が挑戦している試みであり、米国型を超えた資本主義の試行錯誤として注目されねばならないだろう。

米国自身からも、過熱した新資本主義を反省する問いかけも聞かれる。「ヘッジファンドの帝王」たるジョージ・ソロスが最近の本で、「グローバル・エコノミーの欠陥」と市場の適切な制御の必要性を語っているのには苦笑せざるをえないが、ニューヨーク州立大学の社会学者リチャード・セネット教授の問いかけには心打たれる。彼はその著"*The Corrosion Of Character*"（一九九八年、邦訳『それでも新資本主義についていくか』ダイヤモンド社）において、スピードとフレキシビリティを追求する米国型経営の陥穽《かんせい》を分析、新資本主義の過酷な挑戦に遭遇した人間性への問いに至る。それは「社会の誰が私を必要としているのか」というものである。そして最後に、「人間どうしが互いを気遣うということに深い思慮を払わない体制は、正当性を長く保ち得ない」と結論づける。

二一世紀の資本主義の構想

ここまでの議論を凝縮し、最後に、日本としていかなる経済社会をめざすべきなのかを総括しておきたい。それは、この国の二一世紀の資本主義のあり方についての構想でもある。あるべき経済社会を求めて、不条理を筋道立てて正していくための試論と受け止められたい。

第一に、「売り抜く資本主義」ではなく「育てる資本主義」を目指すことを主張したい。

企業とか事業は、最高価格で売り抜けばよいというような商品ではない。昨今の「ネット株」といわれるＩＴ関連株の価格形成をみると、「市場」に囃されることを意図して実態や実績もない事業計画が提示されるケースも少なくない。「企業の価値は市場の評価を反映した時価総額」という考えがもて囃されているが、キャピタル・ゲインだけを狙った株主が主導する経済が事業を育てることはできない。資本主義の基本は、投資家、経営者、従業員が力を合わせ、事業や企業を育てることである。金融市場での資金作りだけを目的とする経済活動を礼賛することは、資本主義の自殺である。

「育てる資本主義」という時、日本の場合はモノ造りを基軸にした事業の重視ということになろう。農業から製造業、建設業まで、モノ造りこそ日本人の生真面目さ、器用さを生かした産業分野であり、変わらざる虎の子産業である。今日、日本がまがりなりにも世界の産業国家に列している理由は、間違いなくモノ造り分野での実績である。この分野は、技術基盤、人材育成などあらゆる意味で経営資源の蓄積が要り、一朝一夕にはいかない。どうしても息の長い「育てる」という姿勢が大切になる。ＩＴを金融に取り込んで付加価値を創出している米国に対し、日本こそモノ造り分野に情報技術を中心とする先端技術革新の成果を注入し、比類なきモノ造り国家を目指すべきである。

第二に、「儲けるだけの資本主義」ではなく「節度ある資本主義」を目指すことである。

利に敏《さと》いといわれた大阪商人でさえ、「儲かりまっか」という問いに「ぼちぼちですわ」と答えていた。今日、今期の儲けをアピールするだけでなく、来期の利益予想を喧伝して「市場に訴える」ことが株価形成上、当然とされる。資本主義はカジノ資本主義であってはならない。やはり、儲けとは適正な事業努力の成果であって、それ自体が自己目的ではない。意味のある事業活動を自問しながら付加価値を企業を取り巻く関係者に適切に配分していくバランス感覚こそ大切なのである。かつて日本人には「閑雅」という言葉があった。あからさまを求めず、静かに本質を探究する誠実さが、謹厳実直な経済現場を構築してきていた。これは、二一世紀であっても引き継がねばならない不変の基軸である。

資本主義が、市場を通じた利潤（お金）を探求するゲームという性格を持つ限り、市場の評価を得ることは大切なことである。しかし、薄皮一枚の違いのように見えるが、市場主義と拝金主義は違う。だからこそ、経済社会の先達たちが「自制」とともに、さまざまな制度的工夫によって市場の制御を試み、社会性と経済効率の整合に立ち向かったのである。

第三に「格差資本主義」ではなく「中間層を育てる資本主義」を目指すことである。市場主義、競争主義が吹き荒れ、「強い者はより強く、弱い者はより弱く」の構造が定着していくことには強い疑問を抱く。日本の強みは、中間層が厚く存在し、社会的安定装置を形成してきたことにある。米国のごとく「競争の勝利者」として巨額の所得と資産を獲得する少数の人間と、世帯当たりの年収三万ドル以下の貧困もしくは極貧層が大部分を占めるような「中間層なき状況」を目指す必要はない。創造的努力がより多くの成果配分によって報われることも大切であるが、夫婦で子供二人を安心して育て、的確な教育を施すことのできる社会をしっかりと構築していくことが重要と思う。

「中間層を育てる」という時、旧来型の分配問題への対応は妥当ではない。福祉という名目での貧困層への「所得移転」策や労組主導の賃上げ闘争は、労働の多様化・流動化という時代においては解決をもたらさない。おそらく、世界的な公共財の配分にNGO（非政府機関）が参画し始めているごとく、既存「経営者・組織労働者」によるシステムを超えた社会全体での配分システムの再考がなされるべきなのであろう。例えば、サラリーマン中間層に過重な税体系や年金保険制度などの見直しを含め「分配の総体の再設計」が図られねばならない。

こうした概念での二一世紀の資本主義を目指すためには、吹き荒れる市場主義に一線を画す思想軸が求められる。それを集約的に表現すれば、「官による規制から公による制御へ」となるであろう。大競争の時代をリードしてきた「規制緩和」の合唱は、高度規制国家たる日本においては今後も有効である。「官」すなわち政府による行き過ぎた統治と介入が、この国の経済活動を非効率なものにしていることは間違いない。なにしろ、日本のGDP（国内総生産）に占める公的規制分野の比重は約四二％と推定され、米国の同比率七％ときわだった対照を示しているのである。社会主義国中国も真っ青の過剰規制国家日本において、官による規制を緩和することは引き続き大切である。ただし、何もかもが市場に任されればよいというものではない。「公による制御」が重要になるであろう。

日本人には「官民」という概念が固定しており、官民の間に「公」という概念が存在することを忘れてきた。官と公とが混同されてきたといえる。官とは行政統治機構であり、公（パブリック）は公共、すなわち社会総体を意味する。日本の民は、何か問題が生ずると、官依存の裏返しとして、政府・行政の責任の問い詰め、結果として「一つの問題を解決するためには、一つの行政機構を創設する」といった対応を招来してきたため、かくも肥大化し巨大な権限を持った行政機構を構築したのである。「金融規制緩和（ビッグバン）」と騒いだ結果が「金融監督庁（現・金融庁）の創設」だったという逆説は、日本の官民の関係を象徴する笑い話である。

「公」というのは、官に過剰期待して問題を持ち込む以前に、国民（市民）として主体的な自助努力で問題解決に近づけることはできないか、という視点において初めて機能する概念である。米国生活一〇年の体験の中で忘れえないものが、この「公（パブリック)」である。米国には一二〇万団体、一〇〇〇万人の人がNPO(非営利団体)で公的目的の活動をしている。例えば、文化活動、社会教育、環境保全、海外協力、福祉などの分野で、NPOが活動しているわけである。NPOはボランティアとは異なり、わずかであっても所得を得て、公的活動に参加する仕組みである。

IT革命と市場主義が吹き荒れる米国で、一〇〇〇万人もの人がわずかな収入で社会的活動に参加しているということは実に興味深い。私の観察では、IT化と市場化の中で見失われつつある「働く意義」を求めた反作用という面も否定できない。人はパンのみにて生きるものではない。私の長年の友人にも「働く意義」を求めて、本業の高収入の金融会社勤務を辞め、一定期間を区切って「熱帯雨林の保存運動」の事務局で働き始めた男がいる。こうした積み上げがNPO一〇〇〇万人なのである。過激な市場化と無味乾燥化した働く現場が現実のものになるほど、人間のバランス感覚は、社会的意義のある仕事を一方で求めるのである。

NPO的仕事に多様な形で参画する人がいるということは、もちろん「雇用の安定化」という意味もあるが、それにもまして「社会政策のコスト削減」という意味がある。福祉にせよ地域社会での文化教育活動にせよ、もし公的意義のある活動をすべて官が行政の予算で賄うとすれば、いくら増税して予算を増やそうとしても経済の活力を削ぐだけである。

公共のテーマを多くの人が参画型で支えることとは、実は市場化を進めるもう一つの要件でもある。逆説的だが、ＩＴ化と市場化を柱とする新資本主義を成功させるためにも、もう一方で「新しい公共」を探求し、多くの人の社会的コミットメントの仕組みを構想せざるをえないということなのである。

二一世紀に向かう新資本主義の本質を考えるならば、次の時代の社会を規定する主体が、二一世紀型の「国民国家」「多国籍企業」「資本家・組織労働者」だけではなく、より社会性を自覚した地球市民のＮＧＯ・ＮＰＯ型の活動になってくることを予感せざるをえない。多様な参画者による社会のあり方についての議論、すなわち新しい社会工学がさまざまな形で始まるのであろう。新資本主義の潮流の真っ只中に立たされる日本の中間層、サラリーマンが、この潮流の被害者となって委縮することなく、自らの参画のシナリオを構想できるのか、正念場にさしかかりつつある。

静かに振り返れば、一八世紀末は「産業革命」と「フランス革命」が次の世紀をリードするものとして存在した。一九世紀末は「鉄と電気の産業革命」と「マルクス主義」が次の二〇世紀を暗示するものとして光を放っていた。今日、我々が目撃していることに、二一世紀のすべてのテーマが内在しているといってよいであろう。おそらくそれは「ＩＴ主導の産業革命」と「欧州二つの実験」になる、と私は考えている。欧州二つの実験とは、先述のごとく、国民国家制を超えた地域統合の実験と市場経済下の社会政策の探究を進めるユーロ社民主義の実験である。過去二世紀の世紀末の変革要素がすべて欧州発であったのに対し、今世紀末のそれは、アメリカ発の「ＩＴ革命」と欧州発の実験とのせめぎあいでもある。さて、時代潮流を受けて日本はどうするのか。

問われているのは、時代状況の中で浮上する断片的事象に「小さな正義」を求めて興奮することではなく、社会総体を方向づける中で「大きな正義」を実現していくことである。この国における「変革」がただの効率化とより自由な拝金主義の探求ならば、そして「保守」が現状肯定と惰性の正当化ならば二一世紀は決して明るいものとはならないであろう。歴史を前に進める構想の探究に真摯《しんし》でありたい。

〔『中央公論』二〇〇〇年三月号〕

2　「正義の経済学」ふたたび
――新世紀、日本再生の基軸

新たな時代のマルクスよ／これらの盲目な衝動から動く世界を／
素晴しく美しい構成に変へよ／
諸君はこの颯爽たる／諸君の未来圏から吹いて来る／
透明な清潔な風を感じないのか

（宮沢賢治『春と修羅』所収「生徒諸君に寄せる」より）

加速する「新資本主義」――世界同時好況の悩ましさ

二〇〇〇年という世紀末の世界経済は、株・為替などの金融経済の変動が目立つものの、実体経済においては空前の同時好況の中にある。バブル崩壊後の「失われた一〇年」を引きずる日本人の閉塞感からすれば違和感があるが、地域ごとに世界経済を点検すれば、驚くほどの世界同時好況が進行していることが分かる。実は、このことが悩ましいのである。

米国は失速の懸念を内包しながら、株価が景気を揺さぶりつつも、実質五％前後の成長を達成する勢いである。欧州も、予想以上の景気浮上を見せ、ＥＵ全体で四％近い成長が予想される。アジアも、一九九七年アジア経済危機から立ち直り、北東アジア七％、東南アジア五％の成長が予想される。中国も「スパイラル下降」を脱して八％成長を達成しそうだし、ロシアも前年ようやく水面に浮上した経済が七％成長となりそうである。中南米も四％近い成長に戻り、中近東も価格高騰で石油収入が増えた産油国を中心に成長軌道に戻った。つまり、世界全体が「極端な同時好況」の中にあり、世界平均で四％近い実質成長を見せようとしている。こんな事態は、人類史上になかったと言い切れるほどの高成長の同時化なのである。もちろん、石油価格の高騰や株式市場の神経質な乱高下などの不安定要素はあるが、基調としてはこの数年は好況の同時化は続きそうである。ただし、「除く日本」であり、日本だけが惨めなまでの低迷の中にある。

この「四％成長の世界化」の背景的要因としては、米国を震源地とするＩＴ革命の世界的伝播があることは想像に難くない。最近のＪＥＴＲＯ（日本貿易振興会）の調査では、一九九六年から九九年の世界貿易増加の四五％がＩＴ関連の資機材によって占められており、いかにＩＴ革命の波がグローバルな成長を促しているかが傍証されている。

成長の同時化は二重の問題を突きつける。一つは、「持続可能な成長」という視点からすれば、地球はこの成長がもたらす過熱に耐えられるのか、という問題である。もちろん、環境問題やエネルギー、食糧の需給問題もある。しかし、より本質的には、この成長の同時化とその主因であるＩＴ革命による情報負荷は人間社会を幸福にできるのか、という問題が横たわっている。もう一つは、成長の同時化という潮流に何ゆえに日本だけが取り残されているのか、という問題である。もし日本が主体的に「適正な低成長」を選択しているというのならば、それも一つの選択であるが、現実は、展望も戦略もなく潜在成長力を下回る水準に低迷し続けているということである。この世界的繁栄をどう評価するのか、そして日本はどうすべきか、「脳力」を振り絞った思索を迫られている。

日本が取り残されているのは経済だけでない。先般、欧州でＯＥＣＤの関係者と議論する機会があったが、日本のガバナンス（統治能力）の喪失が世界に強い印象を持って受け止められていることに愕然とした。このところ東アジアが世界に発信しているメッセージは熱い。中国は、阿片戦争以来一六〇年をかけたが、一九九九年末にマカオ返還を実現し、欧州による植民地支配を清算した。台湾は、四九年の共産中国成立以来の国民党支配を民主的手続きで覆し、人々の主体的選択で陳水扁総統を選出した。南北朝鮮会談も、米国が仕切っている朝鮮半島というイメージを脱し、この半島に住む人たちが自らの意思で自分たちの将来を模索している姿を世界に発信した。つまり、アジアの覚醒と自律が主潮となっているのである。それとの対照で、日本が際立たせているのは、思考停止とでも言うべき悲しいまでの閉塞である。二〇〇〇年六月の総選挙においても、この国は「戦後型のシステム」をどうするのかを真剣に議論しなかった。とりわけ、外交や国際関係は一切の関心の対象外だった。

なぜ、日本だけが時代潮流から取り残されているのか。真剣に自問せざるをえない。結論的にいえば、日本は冷戦後のシステム再設計に立ち遅れたのである。不幸なことに、日本の場合、「冷戦の終焉」というタイミングとバブルのピークが同時化してしまった。それによって、日本人の多くは、ベルリンの壁の崩壊やソ連邦の崩壊をテレビで目撃しながらも、「冷戦の終焉といっても、金さえあればなんとか凌げる」という程度の認識で時代を捉えてしまった。日本のバブル期、私はニューヨークで仕事をしていたが、日本から伝わってくる映像に慄然とした思い出がある。それは、ジュリアナ東京で踊り狂う間抜けなオンナの姿であり、「おどるポンポコリン」なる奇妙な歌に笑い転げる日本人の姿であった。つまり、世界が冷戦後のシステム再設計を求めて真剣にテーブルに着いていた時、日本はバブルとその余韻に酔いしれていた。そのことが今日に響いているのである。

現在、我々が直面している時代潮流が「新資本主義」というべきもので、その内実が「IT革命とグローバルな市場化という二つの要素が掛け合わされたうねり」と約言できることは再論するまでもない。インターネットがペンタゴン（米国防総省）のARPA（高等研究計画庁）が冷戦期に開発した基幹技術の民生転換であったことに象徴されるごとく、「IT革命」は冷戦期に累積二〇兆ドルの軍事予算を積み上げて、産軍複合体を構築してきた米国の脱冷戦戦略から生まれた潮流であった。また、「グローバルな市場化」も東側の市場経済への参入という冷戦後の「大競争の時代」を主導する米国のキャッチコピーであった。やがて、歴史家は、IT革命もグローバルな市場化も、つまり「新資本主義」なるものも、冷戦後へのパラダイム・シフトのために米国が主導した潮流と総括するであろう。日本の「失われた一〇年」とは、このパラダイム・シフトに乗り遅れた一〇年だった。

そして今、そのパラダイム転換は世界的には一定の成果をあげ、その象徴が「世界同時好況」となって展開されている。しかし、物事の本質を考える人の表情に笑顔はない。世界同時好況というめでたい状況の中で、去来する不安は一体何なのだろうか。それは「新資本主義」なるものの実体が、情報技術で武装したマネーゲーム（投機）としての空虚さを内包しているからである。つまり、実体経済から乖離した金融経済の増幅と収縮が不安を喚起しているのである。ＩＴで加速された株式市場の高騰に支えられた好況の同時化は、反転すれば世界同時不況をもたらす可能性をも予感させる。そしてその構造は、時代潮流を主導する米国の現実を注視すれば、間違いなく透視できる。

インターネット・バブルの実相――新資本主義の矛盾

二〇〇〇年は四回、アメリカ訪問の機会を得た。「一一六カ月連続成長」ということで、経済の好調を印象付けられる旅だった。インフレなき持続的成長というが、ニューヨークのホテル代は高騰し、レストランは満杯、タクシーもつかまりにくいほどの活況を再確認させられた。失業率とインフレ率（消費者物価上昇率）を足した数値を「悲惨比率」（ミザリー・レシオ）といい、経済状態に対する国民の不満の度合いを測る指標とされるが、九二年のクリントン登場の大統領選挙の年に一〇・二だった悲惨比率は、九六年の選挙の年には七・二まで下がり、二〇〇〇年前半には六・三となっていたのだから、「米国経済はうまくいっている」というのは米国民の共通認識になっているといってよい。

一九九九年三月末に一万ドルの大台を超えたダウ平均は、二〇〇〇年一月一四日に一万一七二二ドルのピークを付け、一一月末には、一万三〇〇〇ドル前後で推移していた。しかし、米国経済が株高に依存して存立している構造は継続しており、特に近年の傾向として

ＩＴ関連の新興企業株を主体とするナスダック（ＮＹ店頭株式市場）牽引型の株価形成となっている。九八年一月末に一六一九ドルだったナスダックは、二〇〇〇年三月一〇日には五〇四八ドルと二年間で三倍となり、その後三〇〇〇ドル割れまで落ちたが、ＩＴ神話の中での株価形成という構図を引きずっているといえる。

「インターネット・バブル」という言葉が二〇〇〇年の春頃からウォールストリートでもささやかれ始めていた。一九九五年のネットスケープ、九六年のヤフーと相次ぐインターネット関連企業のナスダックでのＩＰＯ（株式公開）が先行モデルとなって、ＩＴベンチャーが続々と直接金融市場から資金を調達して離陸する動きがブームとなってきた。基本的には、事業創成に立ち向かう若い経営者に資金が供給される仕組みを多様に持つことは大切であり、米国の金融界がその意味で「ナスダック、ベンチャーキャピタル、ベンチャーファンド」などの仕組みを機能させてきたことは、ＩＴ革命を産業的に展開する上で重要な要素であった。しかし、明らかに行き過ぎが顕在化している。

一九九九年、約六〇〇のベンチャーがナスダックの仕組みを使ってＩＰＯを行い資金を調達した。しかし、過剰期待と過剰流動性が一緒になって、途方もない株価が形成される事態が進行したことは間違いない。「インターネット関連だから」とか「未来志向の事業だから」といって、メディアやアナリストがもて囃し、そこに個人金融資産を運用する各種のファンドが過剰流動性となって注入され、合理性のない過剰な株価を実現したのである。さすがに、二〇〇〇年後半に入って極端なインターネット・バブルは冷却されたが、株価に経済総体が揺さぶられる構造に変わりはない。

金融技術の高度化と金融商品の多様化という流れは一九八〇年代にも進行していた。例えば「ジャンクボンドの帝王」といわれ、LBOファンドやジャンクボンドなどを作り出したM・ミルケンは、八〇年代後半のウォールストリートのヒーローであった。ミルケンはインサイダー取引で監獄に行ったが、この種の金融技術の革新があって、IT革命を志した若い経営者に資金が回る仕組みが創造されたともいえ、ミルケンも先駆者としての栄誉を担ってよい。しかし、八〇年代の金融技術と九〇年代の金融技術は違う。最大のポイントは、IT革命の成果を吸収し、九〇年代の金融はオンライン・ネットワーク取引によって大きく様変わりしたということである。「金融工学」という言葉は、もはや珍しいものではなくなり、ITを駆使した金融商品のシンボルとして先物やオプションの利ざやをとる「デリバティブ（金融派生商品）」の取引が急速に肥大化したのである。

米国とを往復するジャンボジェット機の窓から北太平洋上の暗闇を見つめながら、何度となく私は「米国は正常なのか」という疑問を問い直した。そして、IT革命を主導しグローバル化の潮流を形成して「繁栄」を謳歌しているかにみえる米国の構造矛盾への疑念を払拭できなかった。それは突き詰めると「分配の問題」に集約される。

第一の疑念は失業率と貧困者比率との関連である。なるほど、一〇年近い成長軌道の持続で失業率は低下した。一九九九年の数字では、九二年に七・五%もあった失業率は三・八%にまで下がった。しかし、注目すべきは貧困者比率である。米国では、ある水準以下の所得の者を「貧困者」とする統計を発表しており、例えば四人家族で所得一・七万ドル以下が九九年の「貧困者モデル家計」とされるが、その基準で九九年の貧困者比率は一三・二%であったという。このことは、失業者は少ないが貧困者は多いという米国の状況を浮き彫りにする。ちなみに、世界的なレベルでの同様の統計基準はないが、推計値で対比するならば、日本は失業率四・八%だが貧困者比率は六・九%で、欧州の主要国も米国とは対照的に、失業率は高いが貧困者は少ない社会構造となっている。少なくとも、分配の格差の問題が示唆されるわけで、繁栄の九〇年代を通じ、米国の国民所得に占める労働分配率は「低減基調」にある。つまり、強い者はより強く、弱い者はより弱くの流れが形成されているのである。

第二の疑念は、巨大な経常収支赤字の累積である。一九九〇年代の一〇年間で米国の経常収支赤字の累積は一・二八兆ドル（一五〇兆円）にのぼる。特に後半の五年間での累積赤字は九四五九億ドルに達している。いうまでもなく、これは米国の外国への借金であり、常識的には「永続不可能な数字」（グリーンスパンＦＲＢ議長談）である。米国の経常収支赤字の三分の二は、欧州からの資金流入によって支えられているが、基本的な危うさを内包していることは間違いない。「米国経済と産業に魅力を感じるからこそ、水が高い方から低い方に流れるごとく、米国に世界の資金が流入するのだ」というのが、強気のウォールストリート関係者の説明だが、唯一の基軸通貨ドルへの信認、金利差などを考慮しても、これだけの経常収支赤字の累積は、国際金融不安の潜在要素となり、二一世紀への禍根となる懸念がある。

第三の疑念は、あまりにも過剰なマネーゲーム依存の体質が米国の家計全般にも及び、社会全体がマネーゲームだけに関心を持った国へと傾斜しつつあることについてである。個人金融資産の五割以上が株式市場に注入されているというのだから、当然ともいえるが、米国の世帯の四九％が投資信託を保有しているという（二〇〇〇年六月末）。一九八〇年にはわずか六％だったというから、４０１ｋなど年金基金でさえ株式市場で運用する傾向の定着を反映している。オンラインを利用して直接市場で株取引をしている人の急増など、アメリカ人の大半がウォールストリートで金儲けをしていることが常態化しているのである。資本主義は「欲と道連れ」であり、本質的に投機的要素を内在させているが、ＩＴで武装したＦＴ（金融技術）が次々と金融商品を生み出し、市民生活の根底にまで「モノを作らず、できれば働かず食う」ための投資ブームが浸透していることに狂気を見るのである。

第四の疑念は、問題は米国内の所得格差の拡大問題にとどまらず、世界の所得格差の拡大が進行していることである。競争主義・市場主義を徹底させれば「競争を通じた格差」が生じるのは理の当然ではあるが、一九六〇年代には三〇倍だった富裕国と貧困国の所得格差は九〇年代末には一五〇倍になったと国連も報告している。国家間の所得格差だけでなく、個々の国の内部での所得格差も拡大を続けており、まさに「格差の資本主義」がグローバル化する様相を呈している。先述のごとく、マクロ経済的には世界同時好況の潮流の中にあるが、分配の不条理は加速度的に深刻化しているといわざるをえない。

ニューヨークからの帰国便の機内で興味深い映画を観た。『ストレイト・ストーリー』という映画で、『ツイン・ピークス』のデビッド・リンチ監督の小作品である。アイオワの七三歳の老人が時速八キロのおんぼろのミニ・トラクターで五〇〇キロ離れたウィスコンシンの兄を訪ねたという実話に基づく映画だという。一〇年前に喧嘩別れした兄と「ただ一緒に星空を見上げるため」に旅行するストーリーである。リチャード・ファーンズワースが老人役を好演。道程で出くわす人々が、勤勉で思いやりのある健全なアメリカを代弁する人々である。したたかで頭でっかちで、マネーゲームに狂奔するＭＢＡや弁護士、ベンチャー事業家との対照が嫌でも心に焼き付く内容であり、アメリカにもこういう感性が残っていたのか、と感動した。

思えば、米国はもっと健全な国だった。建国から産業国家になっていく頃の米国についての文献を読むと「ピューリタンの国」と呼ぶにふさわしい勤労と生産を尊ぶ、生真面目な国という姿が伝わってくる。モノを作らぬマネーゲームの国となって、いま、アメリカ人は本当に幸福なのだろうか。

ＩＴ革命が求める新たな分配理論──戦後日本型秩序の融解

二〇〇〇年夏の沖縄サミットは「ＩＴサミット」として総括されるらしい。サミットの共同宣言において、ＩＴ革命こそ「二一世紀を創る最強の力」であることが確認された。そのためのアクションプランとなると、なぜか日本だけが世界の「デジタル・デバイド」解消のために一五〇億ドルの資金を提供することをコミットするという不思議な内容になっていたが、その後の日本の状況をみると「日本再活性化の鍵はひたすらＩＴ革命の推進に尽きる」かのごとき狂想曲が奏でられている。

ＩＴ革命が、流通や製造の効率を高め、生産性を向上させることは間違いない。米国の商務省の一連のレポート「デジタル・エコノミー」によって検証されているごとく、効率や生産性の向上によって、米国産業のコストが抑制され「インフレなき持続的成長」が可能になったとする論点も誇張とはいえない。しかし、あらゆることに光と影があるごとく、IT革命にも光と影があることを、バランスよく認識すべきである。前章の「『正義の経済学』の復権」で、私はIT革命をエンジンとする新しい資本主義が内包する二つの不条理について問題提起した。

一つは「金融過剰経済の不条理」であり、もう一つは「働く意味の変質と新しい貧困の不条理」であった。その後、IT革命について発言している多くの論者と議論する機会を得て、再考を重ねたが、ITが社会総体に与えるポジ・ネガ双方のインパクトを視界に入れることの重要性をより一層強く認識した。そしてIT革命のもたらす不条理が、革命期に伴いがちな過渡的な調整コストにすぎないとはとても思えないと考えるに至った。

「インターネットが広がり、個人のリテラシーが高まっていくと、経済効率が上がり、創造性が発揮されるようになる。縦割り社会の弊害を取り除く情報の流通とコミュニケーションの透明化……。それがインターネットの最大の効用である」と二一世紀型IT社会を楽天的に描く論者は語る。確かに、企業はインターネットの活用によって効率化と生産性向上を実現するであろう。また、消費者も一般的には選択肢の増大と価格の低下によってメリットを享受することができるであろう。しかし、その一方で、経営意思決定と現場を直接繋ぐ経営情報システムの整備による「中間管理職の削ぎ落とし」と雇用システムの流動化を通じた「労働分配の押し下げ」（賃下げ）が進行していくことも予想される。一人の人格は消費者と被雇用者という両面を持つ。消費者としてＩＴ革命の恩恵を享受しても、被雇用者にとってのＩＴ革命は雇用条件の劣化に帰結する可能性も高いのである。生身の人間にとって、ＩＴ革命は決して、よいことずくめではない。

とりわけ日本にとって、ＩＴ革命とグローバル化がもたらす潮流は社会総体の変更、これまで常識とされた「戦後日本型秩序」の根本的修正を迫るものとなるであろう。そのことを深く洞察しておかねばならない。根幹は分配をめぐる新しい基軸が求められていることに気づくのである。そのことを考察していきたい。

最近、古本屋で『西欧の正義　日本の正義』（日本文化会議編）という本を見つけた。一九七六（昭和五一）年の一一月に日本文化会議主催のセミナー「正義とは何か……法・道徳・宗教」が二日間にわたり実施され、その報告書ともいうべき書物が出版されたものである。参加者の顔ぶれも豪華で、木村尚三郎、佐藤誠三郎の両氏を幹事とし、田中美知太郎、高坂正堯、会田雄次、三浦朱門、長尾龍一、本間長世などの知識人二四人が名を連ねている。いまにして思えば、「時代の空気」の違いとでもいうべきか、二五年前の日本では「正義とは何か」がまだ白昼堂々のテーマだったのである。

おそらく、バブル期を経て一九九〇年代において、日本人の正義への関心は一気に萎えてきたといえる。冷戦後のイデオロギー対立の終焉と市場主義の席捲が既存の価値を流動化させたため「価値の真空状態」が生じているとも概括できるが、改めて前記の二五年前の日本文化会議セミナーにおける議論との対照で、現在の状況を浮き上がらせるならば、我々が直面している価値崩壊の構図がよく分かる。このセミナーで「日本における正義」についてレポートした佐藤誠三郎は、戦後日本の価値状況について「①国家への忠誠が減衰、②イエ型の企業体の整備と普及、③ムラ型モデルに即した民主主義の定着」と総括している。「イエ型企業体」とは、松下幸之助のPHP（繁栄を通じた平和と幸福）に象徴される企業共同体主義であり、「ムラ型モデル民主主義」とは、全員一致をあるべき秩序とする平等主義志向の民主主義といえる。

まさにいま進行しているのは、佐藤が語っていた戦後日本型の「正義」（まがりなりにも秩序の源泉となってきた価値）の融解なのである。愛社精神・忠誠心という形で語られてきた「イエ型企業体」への同一化も、「全員が平等でありうる」という幻想を抱え込んだ「ムラ型モデル民主主義」も、戦後日本の経済成長とそれを成り立たせてきたメカニズムの中で醸成されてきたものであった。企業を共同体と思い込む心理も階層型の組織をよじ登って、誰もが一定のところまでは「出世」できることによって成立してきた。また経済成長から「取り残された地域」（田舎）の不満を解消するために、成長地域（都会）から吸収した富を「公共投資」という形で田舎に注入してこられたのも、それを可能にする富の創出が継続したからであり、誰もがある程度は成長の恩恵を享受できる仕組みが成立していたからである。

例えば、都市のサラリーマンの心象風景を想像してみるとよい。多くのサラリーマン（都市新中間層）は戦後の右肩上がりの経済を背景にした終身雇用・年功序列の仕組みの中で所得の漸増と社内組織での昇進を享受することができた。「今年よりも来年はよくなる」ことが実感できた。また、昭和三〇年代以降、地方から吸い出されて東京に職を求め、東京周辺の新興住宅地に居住し始めた人たちにとって、盆暮れに帰郷する時に目撃する故郷が、産業の集積地（都心）で集めた税金の「公共投資」という形での配分を受け、「少しはよくなっている」ことを実感することは、肉親を置いて田舎を捨てた贖罪《しょくざい》意識もあって素直に安堵を覚えるものであった。

ところが、一九九〇年代を通じて都市新中間層の心理は大きく変化した。グローバリズムという名の競争主義・市場主義が浸透し、「強い者はより強く、弱い者はより弱く」という風景が現出したこと、さらには右肩上がりの配分も昇進も期待できない事態が常態化したことによって、都市のサラリーマンは心の余裕を失いつつある。二〇〇〇年夏の総選挙において、「公共投資バラマキ批判」が都市部で吹き荒れたのも、東京都知事の「外形標準課税」に拍手が起こるのも決して偶然ではない。都市のサラリーマンは、自分の置かれた状況への殺気だった気分の中で「都市で集めた税金を都市のために使うのは当然」という心理に傾斜し始めたということなのである。

便益の配分と費用の分担についての暗黙のルールが社会を安定的に保つ秩序の基盤であるが、「新資本主義」という状況が戦後日本の暗黙のルールを突き崩していることは間違いない。昨今の続発する企業や行政の不祥事をみても、その多くは構成員による内部告発に端を発しており、従来の組織維持システムや分配秩序が持ち堪《こた》えられぬほどの動揺が深く静かに進行していることをうかがわせる。

日本的価値の基軸とは何か――いま、踏み堪えるために

迂遠なようだが、我々が拠って立つ価値の基軸を再考しなければならない。米国流の競争主義、市場主義に追い立てられ、首を傾げながらその潮流に飲み込まれている現状を脱皮し、自らの思考と選択の基準を確立しなければならない。私が「正義の経済学」などという途方もないテーマを追い求め始めたのも、こうした問題意識の反映であった。

二一世紀の日本の資本主義はどうあるべきなのか。「日本的経営」といって、年功序

列・終身雇用、集団的意思決定、人間尊重の経営を喧伝してきた人たちは、日本的経営は右肩上がりの時代の幻想であったかのごとく沈黙し、米国流の「スピード経営」、つまり意思決定と現場をＩＴを駆使して直接繫ぐ、効率経営を礼賛している。環境の変化に合わせた御都合主義的な「経営哲学」を排し、経済社会に生きる者は「魂の基軸」となる理念を取り戻さなければならないのではないか。この国の混迷は、競争主義・市場主義の激流の中で、理念的に自尊心を見失っていることに由来する。

「経済は義を以て利とする」という江戸時代の豊後国東の儒医・三浦梅園の言葉に、私は強く心を動かされる。「市場が価値を決める」といわれる時代の中で、時代錯誤の言葉と笑う前に、私たちは自らの体内細胞に埋め込まれているはずの先人たちの苦闘と思考の蓄積に謙虚に学ぶべきである。私たちはよく「日本型の」とか「日本独自の」という表現を使い、受け身で欧米流のモデルをそのまま受け止めることを嫌うが、何が「日本的」なのかを踏み固めずに、逞しい自尊の理念は生まれてこない。「和漢洋の知の体系」の中で、いつの間にか日本人は「和」と「漢」の体系を学ぶことを軽視し、「洋」の体系だけに傾斜してきた。そして今、和漢洋の壮大な知の体系の中で思索した人物として、改めてその存在の重さに気づくのは、鈴木大拙である。

鈴木大拙については、国際情報雑誌『フォーサイト』での連載「一九〇〇年への旅」

（二〇〇〇年五月号）で詳しく触れたので繰り返さない。集約的にいえば、鈴木大拙が、その長期にわたる海外体験を通じて見抜いたものは、西洋流のプロセスが「諸個人の『競争』を通じた進歩」であり、「対置概念に基づくルールの普遍化」である、という点であった。大拙は、西洋思想や文化の特性として“DIVIDE AND RULE（分けて制する）”を提示し、「分割は知性の性格である。まず主と客を分ける。われと他人、自分と世界、心と物、天と地、陰と陽など、すべて分けることが知性である。主客の区別をつけないと、知識が成立せぬ。知るものと知られるもの……この二元性からわれわれの知識が出てきて、それから次へ次へと発展していく」と述べる。そして、西洋思想の長所が「個々特殊の具体的事象を一般化し、概念化し、抽象化する」ことにあるとし、これを利して工業化・産業化が進展したとする。このことは、現在の「グローバル・スタンダード」を主導する姿にも通ずるであろう。

しかし、大拙は西洋思想の短所も見逃さない。普遍化・標準化へのこだわりは「個々の特性を滅却し、創造欲を統制する」ことに陥りかねない。これに対し、東洋思想は「分割的知性」に立脚した論理万能主義ではなく、人間世界総体のあるがままの状態を生きる「主客未分化の全体知」を大切にする。ここから「分別して分別せぬ」という姿勢としての「無分別の分別」が生まれる。「我」を意識し、「利害」を認識するあまり、「対立」に身を置く西洋流の対置概念を超えて、より大きな視界からの霊性的思索によって、のびやかに円融自在を生きることを東洋的思想の神髄として、大拙は示唆するのである。

今日、論理万能の西洋的思考パターンに浸っている現代日本人からすれば、大拙の「無分別の分別」は曖昧な詭弁と思われかねないが、私自身、海外体験が長くなるにつれて、東洋的な見方の重要性が少し分かるようになってきた。対置概念・対抗だけの世界から距離をとり、対立と緊張を超えた許容と閑雅のしなやかな選択を構想することの大切さが実感されてきたのである。そして、こうした東洋的思惟が、決して古くさいものではなく、これからの時代にこそ反映されるべきものと思われる。考えれば、「リサイクル」（資源の循環）などという視点も、「輪廻」さえも視界に入れた東洋思想に発し、しかも農耕社会の伝統の中で実践されてきたわけである。例えば「循環と共生」をキーワードとして、我々が東洋的見方の中で未来を構想することの意義は小さくない。

なぜこうした議論にこだわるのか。それは、「価値のパラダイム」をしなやかに再構築する必要を感ずるからである。分断的知性のもとでの効率探求を超えて、可能な限り人間社会の総体を視界に入れようとする経済学が求められている。とりわけ今、市場主義と競争主義が唯一の価値基準として跋扈する風潮の中で進行する「分配の不条理」に対し、新しい方向づけ（分配の再設計）をするためには多くの人が共感できる価値基準がいる。つまり、便益とコストの分配から生ずる不満を抑える規範が必要なのである。それなくしては、社会総体は殺伐たる荒廃の海となりかねず、事実その前兆に満ちているとさえいえるからである。

二一世紀の資本主義を「売りぬく資本主義」「儲けるだけの資本主義」「格差の資本主義」に終わらせぬために、人間社会が探究すべき「価値」にこだわり続けねばならない。経済学は貧困と不況と不平等を克服するために格闘してきたのではないのか。そのことを考える時、日本人が大切にしてきた価値や思考の形をもう一度踏み固め、新しい経済の方向付けに生かすことを思うのである。近代日本が伝統的に抱いてきた両義的感情ともいうべき「西洋と東洋の統合」を試み、あるべき経済社会の創造に向けて理念的に自尊心を見失わないことこそ重要であろう。

日本再生への二つの基軸

明治維新にまで遡らなくとも、太平洋戦争後の国家再生においても、先輩たちはもう少し真剣だったような気がする。例えば、一九五一年のサンフランシスコ講和会議前後のメディア論調を見ても、吉田茂の「単独講和」を支持する毎日新聞に対して「全面講和」の朝日新聞が社論を賭けて対決し、国民も論争に真剣に参加していた。現在、これほどの転換期において、この国には不思議なほど政争はあっても論争がない。政党もメディアも何を論点とすべきかのアジェンダ設定の責任さえ果たしていない。政府の審議会や経済団体が出す各種の二一世紀に関する構想やビジョンも「同義語反復」のようなもので、選択肢を提示して思考を迫るようなものではない。

なぜこうなるのだろうか。それは、日本の二〇世紀の「成功体験」が固定観念となって、そこから抜け出さずに二一世紀を描こうとするからである。残念ながら、これまでの日本の成功モデルが、そのまま二一世紀に通用するとは思えない。二〇世紀の日本は、一〇〇年の四分の三、七五年間をアングロサクソンとの二国間同盟に支えられてきた。このようなアジアの国はない。一九〇二年からの二〇年間、ワシントン会議までの日本は、英国との同盟(日英同盟)によって、日露戦争から第一次大戦までユーラシア外交の勝ち組として、国際社会に台頭した。それからの戦争を挟む二五年は、多くの日本人にとって思い出したくもない孤立と敗北の歴史であり、一九四五年以降は、米国という新手のアングロサクソンとの同盟に支えられた復興・成長の時代であった。つまり、日本の二〇世紀はアングロサクソン同盟に守られて通商国家モデルを探求した世紀ともいえるわけで、この成功体験がそこから踏み出す勇気を制約しているのである。

そして、今日的にいえば、米国に依存、追随し、米国を発信源とする価値を無批判に受容、礼賛する傾向となって、我々を金縛りにしているのである。もちろん、米国を発信源とするＩＴ革命とグローバル化は避けることのできない世界の潮流であり、ことさらにそれに抵抗する必然性はない。しかし、我々は自らの体内に蓄積されてきた日本人としての「価値」の記憶を抽出し、時代認識と進むべき進路を柔らかく再構成するべきだろう。本稿で展開してきた問題意識を凝縮し、主体性を持ってこの国を再生させるためには、以下の二点を価値基軸として探求すべきであると確信する。

分配への新しい基軸の確立

「市場が企業の価値を決める時代」という考えが主潮となり、市場主義・競争主義が新資本主義の価値基軸となりつつある。その精華ともいうべきが、「米国流のコーポレート・ガバナンス論」である。「会社は誰のものか」という問いに、ためらうことなく「株主のもの」と答え、株価を高め、時価総額を高める経営、つまり株主への分配の大きい経営をあるべき経営とする思潮である。

しかし、我々はそのような単純な思潮に与《くみ》してはならない。むろん資本主義である限り、投資家としてリスクを負う株主は大切である。しかし、同時に企業活動を支える従業員、顧客、そしてもちろん経営の任にあたる経営者も大切なのである。また、企業を取り巻く地域社会、国家、地球環境などへの配慮も大切である。経営とは、企業を取り巻く多様な関係者に適切な付加価値を配分する営為である。こんな当然ともいえることが、市場主義の名のもとに揺らいでいるのが現在なのである。

「日本的経営」が右肩上がり時代の幻想であったかのごとく捨て去られた今こそ、日本社会の組織原理を支えてきた価値を想起すべきであろう。それが、対置概念を超えた「循環と共生」の理念である。「強い者はより強く、弱い者はより弱く」と突き放すのではなく、自然世界の循環のごとく盛者必衰、因果応報を謙虚に受け止めることから再生を図る姿勢、「皆で負担し、皆で支え合う」ことを喜びとする共生の精神を見失ってはならない。

決して年功序列と終身雇用だけが日本的経営の柱だったわけではない。稟議制や集団的意思決定は、最近では「スピード経営」を阻害するものとされがちだが、情報の共有化と協調を大切にしてチームワークによる成果を目指すことのプラスの意味もあった。多分、経営は「日本的経営かスピード経営か」などといった二者択一のゲームではなく、人間社会総体と向き合う、バランス感覚に満ちたものでなければならないのであろう。

むろん、企業経営には多様性があってよい。ROE（株主資本利益率）を高めて株価を上げ、株主に奉仕する経営があってもよい。しかし、瞬間風速での株価の上昇を期待し、個人資産形成を目指すだけの株主ではなく、長期間にわたり企業を支えてくれる株主、従業員、顧客、そして地域社会と喜びを分かち合おうとする経営が、決して時代遅れとは思わない。私は、二一世紀の資本主義が健全な形で発展するためには、後者の経営こそ大切だと思うし、長い時間軸ではそれこそが大きな成果を残す企業活動だと信じる。

社会的配分についても、しなやかなバランスが求められる。昨今の傾向をみていると、所得税制における累進課税の軽減、預金保険制度におけるリスク負担での自己責任の徹底といった方向付けがなされつつあり、「市場化」の時代潮流の中では妥当な方向との見方もできる。しかし、ただ市場主義に任せ、「強い者はより強く、弱い者はより弱く」の時流に拍手を送っていればよいというものではない。押し寄せるグローバル化の潮流の中で、リスクをとった創造性の高い人間に多くの配分が与えられるという方向は一般論としては正しいが、現実に進行していることが単なる「マネーゲームの覇者の礼賛」であるならば、我々はしっかりと踏みとどまらねばならない。

社会的配分の公正化に向けて、三点だけ付言しておきたい。一つは「セーフティーネット」について。いかなる競争主義の潮流にあっても、健全な社会活動の参画者に妥当な配分が与えられる仕組みの模索は大切である。例えば、フリーターとかパートで働く主婦など、未組織の社会的存在も年金とか保険を含む社会的配分で公正な配分が受けられるような構想が今後重要であろう。多くの国民が安心できるミニマムな分配の保証の仕組みの構築に知恵が問われる。二つめは「公共財の分配」について。まず、公共投資の優先順位を見直し、省庁間の綱引きで驚くほど固定化した配分を、将来への波及効果を重視して柔らかく修正すべきである。例えば、二〇〇〇年の一般会計における公共投資九・四兆円のうち、道路整備は二・四兆円、農業農村整備は一・一兆円であるが、空港整備はわずかに六八九億円にすぎない。二一世紀日本の基盤インフラとしてＩＴ基盤と国際空港等の交通インフラは不可欠と思うが、軽重判断なく配分の固定化が続いてきたのである。また、従来、すべての公共投資の承認を国が中央集権的に統括していたことを改め、大枠を地方に配分して、その活用については地方の主体的判断に任せる方式を導入するべきであろう。三つめは「国際間の分配の公正化」について。例えば、地球環境保護の財源を確保するために、グローバルな事業活動を展開する企業、とりわけ国境を超えた短期の資金移動で利益をあげる事業から国際機関が徴税するごとき「地球環境税」の構想を日本が提言することなど、国際間の分配の柔らかい再設計に踏み込むことも意義があろう。

分配は人間社会の営みの中で、尊厳と権威を込めた価値基軸によって仕切られるべきものので、その体制の正当性にさえ関わることがらである。熟慮の中で、我々は分配のあるべき基軸を確立しなければならない。

新しい「公共」への覚醒

明治以降の日本は、官民という二極で物事を考える傾向を定着させ、官に依存・期待しながら、一方で官を嫌悪する屈折した庶民感情を醸成してきた。戦後民主化の過程でも、官民の間に「公」という概念が存在していることが忘れ去られてきた。したがって、何か問題が生ずると「官は何をやっているのだ」と息巻き、決して「自分たちで問題解決するために、自分たちは何をすればよいのか」という思考は芽生えなかった。その結果が「一つの課題を解決するためには、一つの行政組織の新設が必要」という形での行政組織の肥大化というパラドックスであった。

二〇〇〇年という年の傾向として、「公共」概念の重要性が盛んに議論され始めたことが指摘できる。一七歳の犯罪が続発したこともあり、教育改革の必要が叫ばれ、「公」意識を培う必要が強調され始めた。しかしながら、注意しなければならないことがある。「刑事犯罪対象年齢の引き下げ」や「若者のボランティア活動等の奉仕義務付け」などの議論には、国家による「公意識の強制」のごとき国権主義的対応が色濃く滲んでいる。ともすると、戦前の教育勅語的価値への郷愁を隠さない議論さえ存在する。「公共」とは、国民の自主的・主体的な社会参画によってのみ成り立つものである。官（国家）による強制や規制とは明確に線引きすべきものである。

二一世紀の日本に新しい「公共」を確立するための具体的知恵は何であろうか。古今東西のいかなる社会共同体でも、一人前の大人であると認知されるには、カセギ（経済的自立）とツトメ（共同体維持のための公的貢献）という二つの条件が満たされねばならない。戦後の日本人は経済至上主義的風潮の中で、カセギについては真剣でも、ツトメについては「税金さえ払えば社会責任は果たした」的な認識で生きてきた。しかし、今やこのツトメについてしっかりした社会工学的構想を持たねば、社会的課題は解決できないところにまで追い込まれてきたといえよう。

社会的課題解決のために、多くの人が多様な形で参画する仕組みが重要となる。私は「現代の租庸調」と呼びたいのだが、律令時代の租庸調制度にアナロジーをとって、「租（田租のごとき税）」以外に「庸（正役と正役の代償としての労働奉仕）」や「調（物納）」など多様な選択肢での公的責任の果たし方を模索するものである。租庸調も国家による強制であるから、負担する側に自由な選択などなかったと思われるが、「得意とする分野での多様な公的貢献の遂行」として現代風に置き換えた仕組みをイメージしたいのである。

議論され始めたように、「所得税の課税最低限を引き下げ、多くの国民が少しでも税を負担する」という税負担をフラット化する政策論は社会責任の共有化を促すものとして、方向としては妥当であろう。だが、現在所得税を支払わないですむ「四人家族で年収四八〇万円以下の家計」からも一定の税金をとるにもせよ、例えば休日に、当人およびその家族が主体的に選択する形で地域の何らかの社会貢献活動に参加すれば、見返りとしてクーポンを発行し、累積で税金が還付される方式などを導入すれば、国民の社会参画の機会を広げるという狙いは満たせるのである。つまり、知恵を出して「大人が社会参画する仕組み」を機能させることが大切なのであり、若者への奉仕義務付けは、それらの実績の中から浮上してくるべきものである。

戦後の日本人は、私生活主義と拝金主義の文化しか作ってこなかった。子供たちはその雰囲気を吸収し、世の中には金や物よりも大切なものがあることや、自分の私生活を守るためにも社会的仕組みを維持するべきことを理解しないまま大人になった。ようやく日本でもNPOによる公的活動が注目され始め、NPO法の整備も進みつつあるが、公的目的のために多くの人が参画するプラットフォームを充実させることは、二一世紀の社会システムの安定のために重要である。何らかの形で国民一人一人がNPO的活動に関与するようになれば、社会的雰囲気は大きく変わるであろう。少なくとも、子供たちは「大人になること」とは何を意味することなのか、具体的に体感するであろう。

試論的に、日本再生に向けて基軸とすべきことを論じてきた。改めて思い至るのは、この国のガバナンスの喪失である。あたかも無責任の無限循環に陥っているごとく、この国の政治・行政・経済・メディアの指導的立場にある人たちは「自分たちだけではどうしようもない」と溜息をつき、変革への無力感を隠さない。世紀を超えて、我々は筋道立った思考を取り戻さなければならない。先人の苦悶と蓄積を踏まえながら、いま直面している時代潮流の本質を見抜き、あるべき社会に近づける総合設計図を書き換える主体性が求められる。

おそらくこうした思考を積み上げていけば、必然的に日本のトラウマともいうべき、「米国への過剰依存」とその裏返しともいうべき「安手の嫌米・反米感情」の克服というテーマが見えてくるであろう。そして、日米安保の問題も含めて、二一世紀の日本が「唯一の同盟国たる米国との関係の再設計」という課題を解決しなければならないことに気づくはずである。ここでは、この点には深入りしないが、民族の自尊と国家の戦略意思が強く求められることを明言しておきたい。

あえて最後に触れるが、直面するＩＴ革命の本質が、米国が主導する冷戦後の技術のパラダイム・シフトであることを考えるならば、我々は「シームレス、ボーダーレス」という名のもとに進行する米国の国益による情報制御における世界制覇ともいうべき潮流に対し的確な問題意識を持たねばならない。そのことは、インターネットを含む情報通信の米国NSA（国家安全保障局）による盗聴システムの活動（いわゆる「エシェロン」問題）が欧米間で問題にされ始めていることにも象徴されている。二一世紀型インターネット社会に向けた国家戦略、すなわち防衛・安保から外交、さらには宇宙開発から産業政策までを総合化した戦略がIT戦略として問われるのである。わが国における「IT戦略会議」が、あたかもIT普及促進国民会議に終始したことがこの国の悲哀を象徴している。ITインフラを装備し、回線料を引き下げるのも大切だが、国益を賭けた高度の戦略性がこの分野にこそ求められるのである。グローバル化が語られる時代こそ国家戦略が問われるという逆説に果敢に立ち向かわねばならない。そのことは、米国が発信源となっている時代潮流を正視し、しなやかに共生・超克していくべき新世紀の歴史的ゲームに我々を誘うのである。

〔『中央公論』二〇〇一年一月号〕

Ⅱ部　観　察——二〇世紀末を並走して

1　いま直面する危機の本質

［『中央公論』一九九八年一一月号］

注目すべき欧州の実験

欧州訪問（一九九八年九月）での印象から語りたい。いま世界は、アメリカ流の価値、基準、システムが怒濤のように席捲しているかのようである。基調はそうなのだが、だからこそ、欧州の存在感が重要な意味を持ってきていることに、日本人はもっと気がつかなければいけないと思う。

これには、二つの意味がある。一つは、通貨統合がどうなるかによってドルが唯一の基軸通貨であるという構造が、大きく崩れる可能性があるということである。

第一段階が、一九九八年五月に一一カ国で通貨統合することが決まり、六月に欧州の中央銀行が設立され、九九年一月から第二段階が始まろうとしている。参加国間の為替相場の固定とか、単一金融政策がスタートするというこの段階は二〇〇一年末までに完了して、二〇〇二年からの第三段階では、いよいよユーロに法貨規定が施されて専一的流通が開始される。

いま世界の外貨準備の約六割がドルで、欧州通貨が二割、円が六％と言われているが、ドルの比重が世界の外貨準備の五割を割るような時代が来れば、世界の金融システムに違う流れが生じてくるだろう。また、世界の民間金融資産に占めるドルの比率が四〇％に対し欧州通貨は三七％、これが一九八一年末の欧州通貨の比率はわずかに一三％だったのだから、ＥＵ統合という流れの中で、いかに欧州通貨の比重が高まっているか。これからこの比重はますます増して、欧州の「積極的自立」という方向に流れがいくだろう。

第二点としては、欧州の新しい実験として、各国は社会政策重視の——つまりアメリカ流の競争主義、市場主義から一線を画した政治体制を指向しつつあることである。一九九七年の五月にイギリスに労働党政権ができ、六月にフランスに左翼連合政権ができた。ドイツでは九月末の総選挙に向け、ＳＰＤ（社会民主党）が一六年続いたコール首相の保守政権を追いつめていた。

英国の労働党政権とはいったい何か。一八年続いたサッチャーの保守党から、トニー・ブレアという四五歳の若い首相率いる労働党が政権を奪い返したことの意味は何か。それは、今世紀に入ってイギリスは六回も社会主義政権を成立させて、社会主義という路線にのめり込み、それが経済の効率を損ねた。それに対してアメリカ流の市場主義、競争主義をもって効率性を取り戻さなければいけないというのが、保守党が主導したいわゆるサッチャー革命でありビッグバンだった。そのビッグバンによってイギリス経済は、確かに一九九七年も九八年も実質三％の成長というところにまで揺り戻してきた。にもかかわらずイギリスの国民は労働党を選んだのである。

ブレアの労働党は何も社会主義の復活などと言うのではなくて、市場経済下の社会政策の重視ということで復活してきた。社会政策とは具体的に何かというと、分配の公正とか雇用の確保、環境の保全とか福祉の充実だ。要するに市場主義、競争主義をひたすら追求すれば必ず社会的な歪みとか弱者とかを生み出してしまう。だから、市場経済システムの効率性を追求しながらも、どうやって社会的な安定ということを図るべきか、それが社会政策のテーマであり、別な言い方をするとアメリカ流の競争主義一辺倒の流れに対して距離を置き始めている。

ＥＵ一五カ国のうち、スペインとアイルランドとドイツを除く一二カ国で、かつて社会主義政党と言われた政党が政権を握っていたのが、今度、ドイツが社民党主導の政権となったことによって、欧州は一段と「社民主義」の存在を際立たせることになった。

要するに、欧州はいま二〇世紀を総括する目線の高い議論を深めているのである。EU統合という流れの背景にあるのは、二〇世紀の特色と言われる一民族一国家の「国民国家」というシステムを、次の時代にどうしていったらいいかという試みへの挑戦ともいえる。もう一つは、一九一七年のロシア革命以来、二〇世紀を通して欧州は社会主義という路線に悩み抜いた。その明らかな矛盾と限界を目にして、市場化という流れの中に路線をとった。けれども他方で、自分たちが二〇世紀に苦しみ抜いた社会主義とは何だったのかという問いを、いまだに問題意識として引き継ぎながら、市場経済下での「社会政策重視」という議論を固めようとしている。つまり、欧州は二一世紀の新しいあり方を探っている。新しい時代に向けての理念性の高い議論をしている。日本における議論は、そういう意味においてどこか欠落したものがある。たとえば、ドイツでは総選挙のディベートにおいて、「二一世紀の世界史におけるドイツの役割」などという議論が盛んに行われていた。翻って、いま「二一世紀の世界史における日本の役割」などという議論をしている人が日本にいるだろうか。アメリカ流のスタンダードに振り回されて、そこを超える主体的議論は、全くなされていないというのが現実である。

直近の問題の本質

一九九八年の数カ月のあいだに世界に起こったことを考えてみると、たとえばロシアの金融危機。「ロシアを殺したのは誰か」という言い方があるが、実際にモスクワに行って感ずるのは、西側の資本主義が東側に持ち込めたものは何なのかということだ。よく言われているように、一にジャンクフード。アメリカのハンバーガーチェーンの怒濤のごとき進出。二にセックス産業。一流のホテルでも黒下着女が集まるような雰囲気。三に金融マフィアの跋扈。モスクワの河に「カジノ」と書いた船が浮かんでいるのに象徴されるカジノ経済。要するにカネにするためには何でもありという「万物の商品化」状況を作ってしまった。ＩＭＦ（国際通貨基金）がいくらロシア救済にカネを注ぎ込んでも、底無し沼のごとくシステムが安定しない。堅実な産業が育つ状況ではなくなったのである。まがりなりにもソ連時代に存在していたモノを作る産業基盤が金融資本によって買い漁られ、金融だけが肥大化した経済。その行き着いた先が、いまロシアが直面している問題の本質なのである。冷戦が終わった、資本主義が勝ったなんて言っているけれども、次の時代のあるべき世界経済のシステムというものが、まだ姿を見せていないことの表れといっていい。

次にアジアの危機。一九九八年後半の動きの中で注目すべきは、マレーシアである。マハティール首相が、マレーシア経済を守るためにということで、グローバル経済が進む流れの中で時代錯誤とも言えるような、固定相場への復帰を言い出した。なぜそういうことが起こっているかというと、アジアがグローバル経済のもつ影の部分に目覚めたのである。

世界でいま一日に動いている貿易額は一五〇億ドルと言われている。他方、一日で動くおカネ――つまり為替の取引は一兆二〇〇〇億ドルと言われている。つまり実需の八〇倍とも九〇倍とも言われるようなマネーゲームが展開されている状況、それがいまグローバリズムという名前のもとになされている。その中で、アジアは追い込まれていった。そして、自らの経済インフラを構築する前に、海外からの資金に過剰に依存して経済開発を急ぐことの怖さをいまアジアは思い知らされている。要するに、一国の経済がまだ成熟しない段階でどんどん規制緩和だ、開放だという流れを作った。自由にヒト・モノ・カネが国境を超えて移動することを、仮にグローバリズムと言うならば、その受容のもたらす怖さを思い知らされた。都合のいい時には怒濤のようにカネが入ってくるけれども、都合が悪くなったら、つまりＩＭＦが「タイはおかしい」とか、「インドネシアはおかしい」ということを言い始めたら、瞬時にカネが逆流し始める。営々と貯めてきた外貨準備を三〇〇億ドル程度取り崩しても「蟷螂《とうろう》の斧《おの》」みたいなことになってしまう。それが、いまアジアで進行している、グローバリズムへの反省をもたらしたものなのである。

それから、日本人に衝撃を与えた北朝鮮のミサイル問題。北朝鮮の意図は、ほとんどアメリカに対する恫喝というか、メッセージだった。ミサイルの開発を中止することによって、米朝の平和協定を有利に展開しようということと、他国へのミサイル輸出を中止することをカードにして経済制裁を解除させ、その見返りとして一〇億ドルとも言われる損失補塡のカネをもらおうという魂胆であるのは明らかである。相手は韓国でもなければ日本でもない。要するに世界を仕切っている一極支配の当事者であるアメリカと相対峙して、自分たちにとって有利な状況を作ろうというゲームに出ているというのが、この問題の本質なのである。

別な言い方をすると、アジア、特に北東アジアの冷戦後の安全保障のスキームは、ヨーロッパと対比してみたらその違いがよく分かるけれども、ちっとも創造的に議論されていない。そういう問題を見せつけているのが、北朝鮮のミサイル問題である。仮説的に言うと、これから一〇年間に、ある種のナショナリズムをかきたてる出来事に、日本人は次々と出くわすことが予想される。たとえば朝鮮半島の統一。それも、核を持った朝鮮半島が目の前に出てくるかもしれない。それから中国のプレゼンスの高まりによって、尖閣列島問題のようなものがより強く出てくる。そういう中で、新しいアジアの安全保障の仕組みがきちっと方向づけされていなければ、短期的な視点で欲求不満を高めて、極端に言えば「日本も核武装だ」というような安易で危険な選択肢の中に引きずり込まれかねない。つまり、ロシアの危機もアジアの通貨危機も、北朝鮮ミサイルの問題も、結局は冷戦後のシステム不安ということに帰着するのである。

もう一つ言えば、アメリカのクリントン・スキャンダルというものも、冷戦後の一極支配の当事者であるアメリカの潜在させているシステム不安というものを象徴している。クリントンの下半身問題は単に下半身の問題だけではない。こんな男に、核のボタンも含めて、世界システムの再設計の鍵が握られているのかという深い失望感と、アメリカの統治能力のなさを見せつけられていることだけは間違いない。

しかも、この問題は、昔から日本の政治家にも無数にある女性スキャンダルとか、フランスのミッテランの愛人問題とは、大違いだということである。どこが違うかというと、ホワイトハウスという公的場所においてこういう私的スキャンダルがなされたというけじめのなさもさることながら、四〇〇ページにわたる報告書を読んでみても分かるが、話が無機的だということである。無機的という意味は、世界が男と女でできている限り、さまざまなことがあっても驚かないが、人間としての情愛がないというか、要するに物理的であり動物的であり、異常心理学の世界の話である。どんな人間関係でも深い心理的な起伏が伴うはずなのに、クリントンというのは何なのかという思いがある。

要するにそういう無機的な存在によって、アメリカという国が統治されていて、その無機性において世界が影響されている危うさのシンボルだということなのである。

金融主導国家アメリカの本質

日本では、金融セクターの不安ということがひたすら議論されてきた。長銀をどうするかとか、日本の金融システム安定化のためにどういう仕組みを準備するかとかいう議論で、たとえば公的資金を導入するかどうかで延々と議論をしてきたが、実はこんなものは幕藩体制という大きな仕組みをどうするかを議論しないで、幕政改革をやってるようなものだ。つまり、一つの藩のあり方を、村の寄り合いみたいに議論している。本当は世界の金融システムの安定化のためには、どういう創造的なプランを準備しなければいけないかということをしっかり議論しないと帰結しない。そのためには、アメリカを発信源とする、いわゆる世界の金融システムの本質をジッと睨んで見抜かなければならないのである。

アメリカの経済におけるいまいちばん大きな特質は何かといえば、要するにアメリカという国が極端な金融主導国家になりつつあるということである。どういう意味かというと、GDPに占める金融セクターの比重の変化を見てみよう。一九八五年のアメリカのGDPに占める製造業の比重は二一・〇%だった。それが九五年には一七・五%まで下がる。金融セクターだけの数字というのはないが、金融と不動産とサービスを合わせて、八五年に三二・七％だったのが、九五年にはそれが三九・九％――約四割になっている。要するに、アメリカの生業《なりわい》、つまりアメリカという国はいったい何で飯を食っているかというと、金融という分野にどっぷりと依存する経済の構造になってきているのである。

それは、クリントン政権の対日政策にも端的に表れてきている。クリントン政権の第一期は、財務省を中心にした円高圧力論。つまりF・バーグステンが言ったように、「為替を円高に調整することによって、日米間の四〇〇億ドルを超す貿易収支を均衡させよう」という円高圧力論。それからUSTR（米国通商代表部）のミッキー・カンターが日本の新聞に出ない日はないというぐらい、USTRを主役にして、個別の通商摩擦で制裁をちらつかせながら日本を締め上げようというやり方。ホワイトハウスがこの二つのシナリオの上に跨がってバランスをとって進んできていた。それが、クリントン政権第一期の対日政策だった。

ところが、第二期に入って、連日の日本の報道を見ていれば当然気づくが、たとえば財務省のルービン（長官）がどう言った、やれサマーズ（副長官）がどう言ったという具合に、財務省主導の外交になってきた。USTRは存在感を薄めた。カンターの後任がこのまえ日本に来たバシェウスキーという女性であるが、まったく存在感がない。USTRが機能を失ったのかと言ったらそんなことはない。むしろ逆である。為替が有利になったことによって、アジアのモノがアメリカにどんどん入り始めている。日本からも一九九八年の上半期に、鉄鋼製品だけでも九七年一年間分に相当する額を売り込んだ。それで日本経済は一息ついているのである。

それによってアメリカの製造業の人たちは、USTRを駆け込み寺みたいにして悲鳴をあげ始めている。にもかかわらずアメリカのホワイトハウスは、むしろUSTRを宥《なだ》めながら、財務省主導の政策を展開しているのである。それは何かというと、ルービンをはじめ、みなウォールストリートの出身者がクリントン政権を支えている。ウォールストリートを、つまりダウの八〇〇〇ドルを超す高水準を潰したくない。なぜならば、株高――つまりウォールストリートの堅調というのをテコにして、アメリカでは誰もがハッピーという状況が作られている。それほど、アメリカは金融セクター主導の国という性格を加速度的に強めてきている。だから、アメリカが日本に対して発信してくるメッセージは、くどいほど「日本の金融セクターを安定させろ」というところにウエートが置かれてくる。

それに対して日本人は、自分の本来の生業を考えて、冷静に構えなければいけないはずだが、あたかもカラオケの歌えない人が、「おまえ、カラオケが歌えないのはけしからん。カラオケ道場に行って鍛え直し認定をもらえ」と言われて、頭をかきながら顔を真っ赤にしているような状況である。本来、この国の産業観から言えば、金融セクターではなくて、最も真剣にそこに軸足を置いていなければいけない産業は、製造業を中心にしたモノ造りであるにもかかわらず、日本人がこぞって金融セクターの安定という話だけに血道をあげているところに、この国の議論のある種の異常性が浮かび上がってくる。

アメリカが得意にしている分野は、ITとFTである。ITというのはインフォメーション・テクノロジー。つまり情報技術。FTはファイナンシャル・テクノロジー。つまり金融技術。二つの分野――情報工学と金融工学の結婚によって生まれて出てきたのが、たとえばデリバティブである。

金融工学は、我々がこれから注目しなければいけない言葉だ。たとえばデリバティブに象徴されるような先端金融技術と称するものは、文科系のファイナンスの勉強をしてきた人が思いついた話ではない。工学系の、コンピュータや数学を専攻した人たちが、金融ノウハウとドッキングさせることによって生まれ出てきたのがデリバティブである。要するに、オンライン・ネットワーク、コンピュータ技術をベースにしなかったら生まれ出てこない分野だ。その背景には、アメリカの軍事産業の民生転換で、それまで軍事分野に投入してきた工学系の人間が金融の分野に投入され始めたことによって起こった流れでもある。

重要なのは、実は一九八〇年代の後半にも、すでに金融主導型になりつつあるアメリカ経済界において、ウォールストリート批判というのがあった。それは、たとえばLBOファンドだとか、ジャンクボンドだとかと言われているものに対する批判である。ＬＢＯファンドという仕組みを思いついたのはマイケル・ミルケンという「ジャンクボンドの帝王」と言われた男であるが、彼は結局インサイダー取引で監獄へ行って潰れてしまった。

それは余談として、ともかくＬＢＯファンドなんていうのはマネーゲームだという批判があった。しかし、ＬＢＯファンドとかジャンクボンドというシステムがあったからこそ、アメリカの技術指向の強い創業期型の若い企業におカネが回る仕組みができたとも言える。だからまだ八〇年代末の金融新技術と称する世界は、経済社会的意義を持っていた。ところが、九〇年代に怒濤のごとく台頭してきたデリバティブというのは、どういう経済社会的意味があるのか。たとえば金利スワップとか通貨スワップという仕組みは、それなりに先物へのリスクヘッジ機能があるという人もいる。だが本質は、マネーゲームだ。しかもそのマネーゲームが、制御された仕組みとして発展しているのではなくて、オンライン・ネットワークに乗っかって驚くべき勢いで肥大化している。

これは金融監督庁が発表した数字だが、邦銀つまり日本の銀行がいま持っているデリバティブの取引残高であるが、契約金額・想定元本は二三〇〇兆円と言われている。二三〇〇兆円ということは、日本のＧＤＰの四、五年分。それがデリバティブのポジションとして存在しているということになる。

デリバティブというのは、その専門家に聞けば、「それはシステムとしてヘッジされているんだから、ネットアウト（精算）すればリスクはそんなに大きくない」と言う。総額がいくら大きくても、個別の取引はちゃんとセキュアーされていて、トータルでみればリスクはそれほど大きくないという説明をする。しかし、大変重要なのは、システム危機というものである。デリバティブは、大口の取引先が破綻する可能性を前提にして成立している仕組みではない。破綻したら、その波及性は連鎖的で解きほぐせないぐらい、利害関係が複雑に絡み合っているのだ。

あまり、デリバティブの技術的なことを言っても仕方がない。大事なのは、これはITとFTの間に生まれた鬼っ子みたいなもので、このシステムが肥大化していくことを適切な形で制御できるような状態にまだなっていないということである。たとえば長銀が破綻するといっても、不良債権の第一分類だ、第二分類だという議論だけでは済まない、底の見えない連鎖性の高いリスクに晒される可能性がある。デリバティブ時代の金融恐慌なんていうのは、人類史上経験したこともない事態だ。私はデリバティブが危険だと言っているのではなくて、デリバティブ的短期資金の移動を制御する仕組みをしっかり形成しながら進まないと危ないということを強調したい。

「日本発の金融恐慌を起こすな」とよくアメリカも言うし、日本の政治家もそれに呼応する形で言っているが、アメリカを発信源にする新しい金融システム、金融技術というものを、的確に制御していくべきではないかという、システム再設計のプランなくして日本の金融システムだけが安定するなんてことはあり得ない。あのヘッジファンドの帝王と言われているジョージ・ソロスさえが、新しい金融システムの秩序作りということについて盛んに言い始めている。それに対する創造的な提案なくして、日本がいくら公的資金を投入して長銀を救おうが、金融安定化の法体系を整備しようが、この問題に地平は見えない。

整理して言えば、アメリカがITとFTの間に作り上げた世界の潮流に対して、日本はアジアからの視点として、いったいどういう金融、経済システムにすべきなのか創造的提案をしなければいけないということである。

まずは、バランスのとれた産業観を持って、自分の生業がいったい何なのかということをしっかり踏み固めなければいけない。この国が、今日これだけの経済国家として世界に認知されるようになったのは、モノ造りセクターの人たちが真剣な研究開発を行い、TQC運動に象徴されるような生産工程管理と、参画型のマネジメントをやることによって築き上げてきたからである。そうした過去の実績を踏まえ、自分の得意とするパターンというものを見失ってはいけない。もちろん、金融セクターの安定も大切である。しかし金融セクターは基本的には触媒産業であって、その国の未来産業に、適切な形で資金を提供するのがその基本任務である。金融セクターの本質的な役割はそこにある。

　金融セクターさえ安定すればこの国がよくなるという議論は幻想だ。金融セクターが安定化しても、中核になる産業が育たなかったなら金融セクターの安定そのものさえ成り立たない。中核産業たるモノを造る産業の業績・株価がいまのような状態だったら、不良債権なんていくらでも底なし沼になっていく。要するに、金融セクターの債権そのものが不良化して、いくら公的資金を投入しようが、二番底、三番底がくるばかりである。

　もう一つ、減税すれば消費は伸びるかもしれない、あるいは企業の設備投資が出来るかもしれないという考え方も幻想だ。最近、出てきている調整インフレ論も、一定の評価すべき部分はあるけれども、大事なのは、ミニバブルを作ろうという発想ではなくて、「実需につながる内需の拡大」に向けての構想を持たなければいけない。

　では、具体的に実需につながる内需拡大構想とは何なのかと言えば、日本が進んでいるように見えて遅れている二つの分野、一つは住宅環境の整備、もう一つは情報環境の整備である。日本の企業の設備投資に占める情報化投資の比重というのは、アメリカの三二％に対して日本はまだ一六％である。この二つの分野についてのプロジェクト企画を設計することに、経済人は議論の主軸を持っていかなければいけない。大切なのは、減税よりプロジェクトだ。

二〇世紀の日本は、一世紀の四分の三を最初は日英同盟、戦後は日米同盟というアングロサクソンとの二国間同盟に支えられ「通商国家モデル」で生きてきた。おそらく、二一世紀の日本は多国間外交ゲームの中で、誇りうる国造りの新しいモデルを求めて苦悩しなければならないであろう。いまは、その正念場にあるとの覚悟が必要だ。

（本稿は、インタビューを基に『中央公論』編集部が編集したものを一部加筆修正）

2　危機の本質と日本再生戦略

――二一世紀の世界史における日本の役割

［『中央公論』一九九九年二月号］

はじめに――資本主義の世界史の中で

二一世紀の危機の構造が見え始めている。にもかかわらず、日本はいまだにその構造変化に体系的に対応することができないでいる。もし我々が直面している危機が単なる「長期化し連鎖化した世界不況」であり、「景気対策・信用収縮対策」のような手法で対応可能と考えているならば、それは間違いである。

パリ第七大学のミシェル・ボー教授の著『資本主義の世界史』は、資本主義という世界システムの歴史的考察として興味深い。その中で、我々が直面する「二〇世紀末の危機と地殻変動」について、ボーはその特質を次のように整理している。「①工業中心資本主義の終焉（あらゆるものが商業主義の対象になる全般化資本主義の進行）、②西欧優位の終焉とアジア資本主義の躍進、③万物の貨幣化と商品化、④地球環境の危機と人類史の選択（人口、エネルギー、廃棄物）」

この本は一九九〇年代初頭、特に「社会主義の崩壊」という時代状況を踏まえた論考であり、九七年以降は「アジア経済危機」によって「アジア資本主義の躍進」とはいいがたい状況にあるが、確かに「工業中心の資本主義」の変質と金融主導の資本主義の到来、そしてそれがもたらす「万物の貨幣化と商品化」という事態が進行していることも間違いない。

いうまでもなく「二〇世紀末の危機と地殻変動」の震源地は米国にある。欧州の知識人の中には、「イスラム原理主義」になぞらえて米国を「資本原理主義の総本山」とからかう人もいるが、なるほど米国は二〇世紀を通じて一度も「社会主義政権」に迷い込んだこともなく、骨の髄まで資本主義が貫徹した国といえる。この米国が九〇年代に入って大きくその性格を変え、資本主義の新局面をみせつつある。それをもたらしたものの本質はIT革新にある。これによって「万物の商品化」は加速され、これまでの秩序枠の形骸化という意味での「万物の流動化」がもたらされた。この米国の変質が二一世紀に向かう世界の危機の構造を決定付けている。我々はまず、この構造を突き詰めて認識しておく必要がある。

米国を発信源とする危機――ＩＴ革命の皮肉な衝撃

一九九〇年代の世界状況を作り出し、しかも二一世紀型危機の基底を形作りつつある米国を震源とする地殻変動はいかなる構造になっているのか。仮説的ではあるが検証を試みたい。次のページの展開図を頭において論旨を追ってもらいたい。

ＩＴと金融の結合――産物としてのデリバティブ

まず、中心におけるＩＴについて、古来、情報技術は軍事目的で研究開発が促されたケースが多く、コンピュータも弾道計算の正確さを求めて開発が始まったといわれ、九〇年代に急速に発展したインターネットも本来ペンタゴンのＡＲＰＡ（高等研究計画庁）が開発した非集中型コンピュータ通信の基幹技術に商業ネットワークがリンクして拡大してきたものである。つまり、そもそも論からすれば、ＩＴには軍事技術の民生転換という性格が絡みついているのだが、一九九〇年代に入って「東西冷戦の終焉」という事態を迎え、それまで軍事分野に比重をおいて研究開発されてきたＩＴが「金融分野」に吸収され始めた。

一九九〇年代初頭、我々は「平和の配当」という言葉に夢を描いた。冷戦期に軍事分野に投入されてきた資金・技術・人材が、これからは平和産業に投入され、世界はよくなるという幻想を抱いた。事実、軍事技術の民生転換による果実もみられるが、予想外の皮肉なことが進行した。その典型が「ＩＴとＦＴ（金融技術）の融合」なのである。

米国は冷戦期の半世紀に「西側のチャンピオン」として生き延びるため現在価額で総額二〇兆ドルの軍事予算を積み上げ、その裾野に巨大な軍事産業を育ててきた。米国産業の特質を語る言葉として「産軍複合体」という表現が成立していた。しかし、軍事予算の大幅削減によって軍事産業の再編・リストラが始まり、それまで軍事分野に吸収されていた工学系・理科系の数学・物理などに精通した人材が金融分野に招き入れられ、新たに「金融工学」という言葉が重みを持ち始めた。

（展開図）**米国90年代状況と危機の構図**
——IT 技術可能性の探究とシステム不安への直面

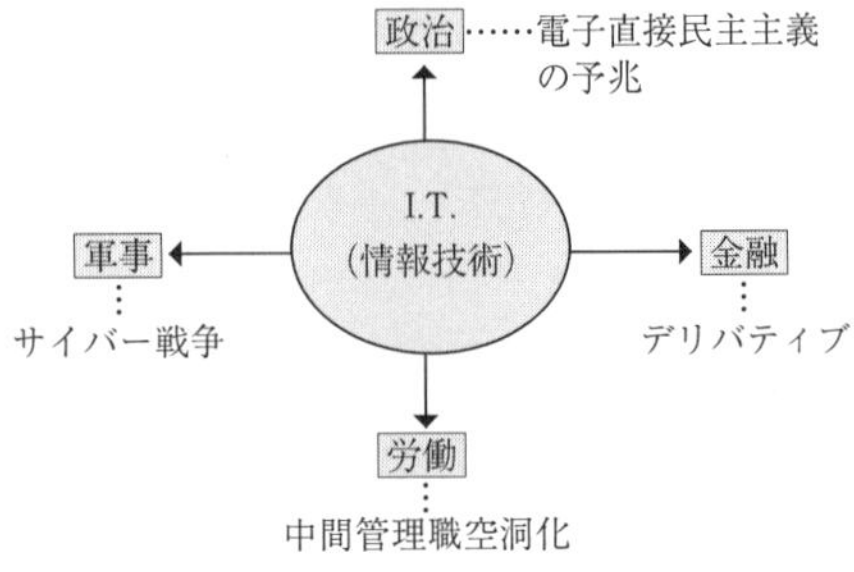

象徴的にいえば、この金融工学が生み出したのがデリバティブであり、それを駆使する業態としてのヘッジファンドである。それらはオンライン・ネットワーク情報技術がなければ存立しえないものである。先物取引やデリバティブの理論は一九八〇年代から存在したが、ＩＴとリンクしてこれらの分野は加速度的に肥

大化した。

私は一九八七年から一〇年間、ニューヨーク、ワシントンで仕事をしてきたが、米国という国は九二年から九六年の五年間で大きく変質したという実感がある。たとえば、この間の米国の名目国内総生産は年平均五・二％伸びたが、同期間の「非貯蓄系金融機関」（証券・商品取引・保険を含むノンバンク）の伸びは年平均一四・八％である。ちなみに、製造業の伸びは年平均五・八％であった。

これによって、米国はしだいに産業構造において金融に軸足を置く「金融資本主義主導の国」に変身した。驚くべきことに、一九九七年の米国の企業収益（税引き前利益総額）のうち金融セクターが占める比重は二五％に達したという。一三％が非貯蓄系金融機関（ノンバンク）、一二％が貯蓄系金融機関（バンク）だという。ただし、これらの数字も過小というべきであろう。たとえば、GEはいうまでもなく製造業であるが、GEの連結利益の約五割は金融子会社GEキャピタルによって上げられている時代であり、ノンバンクの中でもヘッジファンドなどは本社をケイマン島などの「タックス・ヘイブン（租税避難地）」に置くケースが多く、収益実態は捕捉不能なのである。これらの要素を勘案すれば、九七年の米国の全企業収益に占める金融セクターの比重は四割といっても誇張ではなかろう。

つまり、情報技術革新の成果を吸収する形で、米国における金融セクターは直接金融を中心に急速に肥大化し、米国産業は一段と金融に比重を置くこととなった。いわば米国の生業が金融となり、米国人は金融で飯を食べることとなってきたのである。したがって、一九九〇年代の米国は「金融主導型の資本主義」の総本山としての性格を強め、クリントン政権も第二期に入るにつれ、ウォール街を背景にした財務省主導の傾向を際立たせている。

ところが、皮肉なことに活況を呈しているかに見えた米国の金融セクターも、代表的優良ヘッジファンドとされてきたＬＴＣＭの失敗に象徴されるごとく、一九九八年秋以来、根深い「システム不安」を抱えていることを露呈し始めている。肥大化したデリバティブが制御困難なモンスターになりかねない予兆が高まりつつある。

ＩＴが軍事にもたらすもの――サイバー戦争

ＩＴはより徹底した形で軍事分野に取り入れられ、世界の軍事は「情報システムの制御力」をめぐるせめぎあいの局面に入ったといっても過言ではない。ペンダゴンからハーバード大学に帰ったジョセフ・ナイ教授が「核の傘から情報の傘へ」と表現したごとく、戦争の意味が変質し、核やミサイルや砲弾などの致死兵器よりも、サイバー兵器（例えば、コンピュータ・ウイルス、電磁波、暗号技術など）によって敵の情報システムを制御不能に陥れ、圧倒的に優位に立つことが重要という時代を迎えているのである。いうまでもなく、その意味で米国が相対的優位に立っている。

軍事から日常生活全般にわたり、オンライン情報システムに依存する度合いが高まるにつれ、サイバー兵器による攻撃に対する過敏性も高まり、システムが稼働できなくなることの脅威も深まるのである。情報のインフラとして世界中に定着しつつあるインターネットも、その技術特性は「分散型・開放型情報技術」にあるといわれるが、一つの注目すべき側面として「仮に日本から中国にインターネット経由でEメールを打っても、米国NSAのスーパー・コンピュータ八〇〇台のドラムを一度経由して中国に向かう」（注＝いわゆる「エシェロン・システム」の稼働）といわれている点がある。決して米国が情報を制御しているという意味ではないが、意図的に制御しようと思えば制御できる管理地を確保していることは間違いない。

GPS（カーナビなどに使われる現在位置測定システム）にしても衛星携帯通信イリジウムにしても、あるいは衛星写真テラサーバーも情報通信関連の実質的世界標準（デファクト・スタンダード）を米国がリードしていることは明らかで、「米国の技術覇権」が視界に入れられねばならない。

ところが、米国の圧倒的優位と思われた情報システム制御力に関しても皮肉な制御不能という状況が見え始めた。一つは、米国が構築してきた情報システムの安全性の問題であり、先にペンタゴンとＣＩＡ（米中央情報局）が行った共同研究の結果、米国の防衛情報システムがコンピュータ・ウイルスなどでの「サイバー攻撃」を受けた場合の虚弱性が皮肉にも検証されてしまった。また、インターネットを通じて生物化学兵器から核兵器まで大量破壊兵器の詳細な生産技術情報など危険な軍事技術情報が世界中に拡散しており、これまた制御困難に至っているのである。

ＩＴが政治にもたらすもの――インターネット時代の政治

情報技術の高度化が政治にいかなるインパクトを与えるのか、米国では新しい時代の予兆ともいうべき事態が進行している。そのことはクリントン大統領の不倫スキャンダルから一九九八年一一月の中間選挙に至る米国の政治状況に象徴的に現れ出ている。

これまでにない二つの事態に注目したい。一つはオピニオン・リーダーの空洞化である。『ワシントン・ポスト』と『ニューヨーク・タイムズ』という二つの東海岸のクオリティー紙が「クリントンへの辞任勧告」を社説に掲げたにもかかわらず、世論を動かすことにはならなかった。ニクソンの頃にこれらのメディアが持っていた世論形成力はまったく失われた。二つは代議制の空洞化である。議会がクリントン弾劾を提起しても、クリントンは「世論の支持」を根拠に居座り続け、議会も世論動向に脅えながら及び腰になるという事態が続いた。

世論という法的・制度的な正当性も何もないものに揺さぶられて、これまでの政治的意思決定を支えたシステムが空洞化しているという事態は何を意味しているのであろうか。予感としては情報技術の高度化によって代議制民主主義が本質的に問い直される時代が近づきつつあると思われる。

古来「民主主義は声の届く範囲でのみ成立する」といわれ、膨大な数の人間が参加する「大衆民主主義時代には代議制が不可避」とされてきた。それゆえに代議員という存在が国民の声を代弁し、地域代表あるいは職域代表などという形で議会に議席を持ち、代議員による討議・投票を経て社会的意思決定を行うというシステムが確立されてきた。ところが今、もし本当に直接民主主義が正しいとするならば、情報技術を駆使して限りなく正確な民意を社会的意思決定に反映させる可能性は飛躍的に高まりつつある。たとえば、オンライン・ネットワークと声紋判定・指紋判定などの技術を結びつけて、重要なテーマについて国民の判断を正確かつ広範囲に確認することは技術的に可能になりつつある。

つまり、直接民主主義は技術的に可能かもしれないという予感は、代議制の存続意義を本質的に問いかけ始めているのである。クリントンの不倫スキャンダルのレポートがインターネットで公表され、ただちに三〇〇万件のアクセスがあったというが、民衆がメディアや代議員などの仲介者なしに、直接的に判断情報を入手する時代の接近の象徴ともいえる。もちろん、代議制には単に民意を議会に反映させる道管としてだけではなく、「代議員の見識」ある指導力が期待されてきたわけだが、直接民主主義を可能ならしめる技術革新の中で、代議員の質、つまり見識と指導力はますます厳しく吟味され始めるであろう。

米国だけの話ではない。日本には約七万人が、国会議員、都道府県議員、市町村議員という形で職業政治家として飯を食べている。本当にこれだけの代議制システムが必要なのか。愚かにも日本は、「政治改革」をいつのまにか「選挙制度改革」に矮小化し、中選挙区制を小選挙区比例代表併用制とすることで、いわゆる「ゾンビ議員」を跋扈させ、誰一人その人に投票したこともない人が議員となり、政党を渡り歩くという事態をみせつけている。国民の集団的無意識の中には「限りない代議制への軽蔑」が高まりつつある。この傾向は、情報技術革新が進行し、「インターネット時代の政治」が見えてくるにつれて一段と高まるであろう。代議制は、その正当性を自ら立証しなければならないところに追い込まれているのだ。

ＩＴが労働にもたらすもの——中間管理職不要の時代

情報技術が労働環境をいかに変えていくのか。米国で進行している事態には目を見張るものがある。そもそも米国でコンピュータが発展・定着した要因としては「フール・プループ（馬鹿よけ）」という面があった。日本では「読み書きソロバン」のできない人は珍しいが、米国では製造でもマーケティングでも「平準化した労働力」を確保することはやさしいことではない。したがって、間違えたくても間違えないシステム、たとえばスーパーマーケットのレジでの光学読み取り機などが必要となり、普及するのである。そして怒濤のようなオンライン・ネットワーク化の中で雇用環境は嫌でも変化せざるをえない局面にある。

ＩＴ革命が最も大きなインパクトを与えているのは、仕事の中身、特に中間管理職の仕事の質である。中間管理職は「情報の結節点」として部下が報告してくる調達・製造・販売の現場情報を掌握・加工し、経営幹部へと報告して次なる戦略を企画する接点になってきた。しかし、こうした職務は本質的な意味で不要となってきた。ＩＴを利用して的確な情報システムを作り上げておけば、現場の情報を効率的に経営幹部に直接伝えることは可能なのである。経営幹部の問題意識に沿った経営情報システムの設計によって、ジャスト・イン・タイムに現場情報の掌握は可能となり、付加価値の高い機能を果たしうる例外的中間管理職以外は存在意義を失うことになる。

現実に、米国の企業経営の現場では、規制緩和・競争重視という一九七〇年代以来の潮流の中で、経営の効率化・合理化が進み、徹底したコスト削減のための「リストラ（事業構造の効率化に向けた再設計）」「アウトソーシング（外注化）」「ファブレス化（企画・研究開発など高付加価値分野だけを社内に残し、製造等は外部に任せる方式）」が常態となっている。こうした傾向は中間管理職を直撃し、雇用と賃金の圧縮をもたらしている。

一九九〇年代の持続的好況によって、米国の失業率は、九二年の七・五％から四・五％前後にまで低下しているが、職の数は量的に増えても「仕事の質」は「チープジョブ」と呼ばれる付加価値の低い「低賃金労働」が大部分で、創造的管理職は圧縮されている。労働分配率は低迷し、雇用者の帰属組織からサラリーとして得た平均所得は過去一〇年間、まったく上がっていない。実質時間当たり賃金も、九六年からの三年は上昇に転じたが、二五年前の七三年に比べてなお一割近く低い水準にあるというのが現実なのである。

まさに、中間管理職受難の時代が加速している。この構図は、今後一段と企業の情報化投資が拡大し、ＥＲＰ（経営管理業務パッケージ）が定着していけば、さらに進行していくと思われる。にもかかわらず、米国の雇用者、特に中間管理職が「現状満足」でいられる理由は、企業からの所得は低迷していても、金融資産の運用でプラスアルファーの所得を享受してきたからである。米国人は、平均して個人金融資産の五割近くを株とか投資信託等の直接金融資産に投入している（日本人は約一三％）。特に一九九〇年代に入って、ＭＦ（ミューチュアル・ファンド）といわれる株・国債・社債組み合わせ型投信への運用がブームとなっており、九〇年に一兆ドルだったMF残高が、九七年には四・五兆ドルにまで増大している。ウォール街が右肩上がりを続けてきたために、よほどの愚か者でない限り、九〇年代の米国では、誰もが金融市場で利益を上げてこられたわけで、ここに米国人の虚偽意識、「幻想としての現状満足感」が芽生える背景がある。しかし、それらは危うい構造の満足感でしかない。

米国において、ＩＴ革新が「金融」「軍事」「政治」「労働」という四つの分野を巻き込む巨大な渦巻きを形成している構造をみつめるならば、限りなく技術可能性を探究して陶酔するうちに思いもかけぬ逆説的な制御困難に陥ったり、従前の秩序枠を突き崩すような事態が招来されていることに気づかざるをえない。これこそが米国の総合ソフトウエア構築力の怖さと限界であり、「二一世紀型危機」の原型なのである。この渦巻きが今後どのような方向に進み何をもたらすのかは予断を許さないが、少なくともいえるのは、未来を模索する場合、世界は米国に進行する事態の本質を見抜き、その制御という問題を正面から受け止めていかざるをえないということである。

先日来、ワシントンのジャパノロジスト（日本専門家）やニューヨークの弁護士の来訪を受けたが、同じような日本の印象を語っていた。「日本は資金も技術も人材もあり、潜在力はあるのになぜこんなに自信喪失状態にあるのだろうか」という疑問である。実は、その答えはそれほど難しくない。部品や素材を生かして全体のモデルを組み立てる「構想力」が弱いからである。なぜ弱いかといえば、この一〇〇年以上、内発的でない外部依存の高い国造りを進めてきたからである。

日本の覚醒——明白な二一世紀型モデルの基本シナリオ

九八年九月のドイツの総選挙を現地で目撃し、強く印象に残ったシーンがある。一六年政権を担ってきたコール首相（当時）とSPD（社民党）の首相候補シュレーダーとのディベートが繰り広げられ、そのテーマの一つが「二一世紀の世界史におけるドイツの役割」であった。日本との対照で考察するならば、このテーマの重さが分かる。もしいま日本で、「二一世紀の世界史における日本の役割」などというテーマを掲げたならば、誇大妄想かと失笑を受けるであろう。この国の指導部もメディアも、「景気対策」と「金融安定化」に血道をあげ、とても二一世紀の世界史に目線が向かうような状態ではないからである。そのことは前章で指摘したところである（「いま直面する危機の本質」）。

しかし、あえて二一世紀の世界史における日本の役割を探究する議論に踏み込みたい。この視角からの考察は「いま我々がなすべきこと」を浮かび上がらせるからである。

その前に、二〇世紀の世界史における日本の役割が何だったのかを再考してみると、我々の先輩たちが選択・構築してきた「二〇世紀型日本」のシナリオは意外と創造的かつ戦略的だったことに気づく。あえて単純化して「二〇世紀型日本」を表現するならば、一に「アングロサクソン同盟」、二に「通商国家モデル」による国造りと集約することができる。

「アングロサクソン同盟」とは、二〇世紀の日本は実に七五年間、一世紀の四分の三をアングロサクソンとの二国間同盟に支えられてきたということである。一九〇一年から約二〇年間、二一年のワシントン会議で「日英同盟」を解消するまで、日本は英国との二国間同盟を外交軸とした。この二〇年間はいわば成功体験であり、「ユーラシア外交の勝ち組」として日露戦争から第一次世界大戦を乗り切ることができた。二一年から四五年の敗戦までは、欧米列強との多国間ゲームで消耗し、孤立・焦燥・戦争・挫折に追い込まれ、四五年からは日米関係を外交基軸とする「日米二国間同盟」で半世紀を通じて安定的に生き延びてきた。つまり、経験則からいえば、英米というアングロサクソンとの二国間同盟軸を保持していた期間においては、日本外交は相対的に安定していたといえるわけで、外交のプロといわれる人たちが、今世紀における日本の同盟外交を高く評価する見解も分からなくはない。

「通商国家モデル」とは、後発の途上国が急速に近代化・産業化を進めるために、しかも天然資源にも恵まれず、近代的産業技術の開発にも遅れていた国が「離陸」するために、効率的に海外から資源と技術を導入し、相対的に勤勉で優秀な労働力で加工して、国際市場に製品として輸出するという型の国造りである。戦前の日本も「輸出志向型の工業化」によって急速な発展を遂げたが、特に戦後の日本は、すべての植民地を失い、工業生産力にも壊滅的打撃を受けたところから再出発し、まさに「通商国家」として軍事産業に依存しない加工貿易大国の先行モデルとなってきた。アジアの中進工業国といわれた国々も、その国造りの基本モデルは戦後日本の通商国家モデルであった。その意味では、二〇世紀の日本は少なからず世界に対し一つの国家モデルを提示したといえるのである。

踏み込んでいうならば、戦前においては福沢諭吉の『脱亜論』(一八八五年)、戦後においては高坂正堯の『海洋国家日本の構想』(一九六四年)など、この国の進路をアジアとの近隣土着性に求めず「欧米先進国との関係」を軸にした海洋性に求める議論が主潮を形成してきたが、実態的に日本の二〇世紀が真剣に探求してきたのは欧米全般でも世界全般との関係でもなく、アングロサクソンとの二国間同盟であり、それを基盤にした通商国家性であった。

ところが、現在の日本が直面しつつある問題の難しさは、二〇世紀の成功体験の中心軸となってきた「アングロサクソン同盟」と「通商国家モデル」が、新しい時代状況の中で単純には継続不能となってきたことによるものである。もっといえば、継続不能であるにもかかわらず、一〇〇年間の歴史体験、とりわけ戦後五〇年の惰性の中で、新しいモデルを求めて進路を構想できないまま「固定観念」に金縛りになっていると思われる。

冷静に事実認識をするならば、戦後日本を支えてきた日米二国間同盟関係は、今後もこの国の外交の基軸として重要視されるべきだが、冷戦期の関係とは「背景となる環境」が変質してきており、日本の外交関係の基軸が大きなトレンドとして「多国間・多次元外交」へと移行していかざるをえないとの覚悟が必要であろう。

最も大きな変更要素は「中国の台頭」である。米国から見た中国は、「二一世紀の経済大国」としての市場の魅力と、軍事的にも政治的にもプレゼンスを高めている脅威という二重の意味で関心の対象となりつつある。一九九七年の江沢民訪米、九八年のクリントン訪中を経て、米中間では「戦略的パートナーシップ」という表現を使い始めている。これは決して「米中同盟」などというものではなく、日本がいたずらに孤立の焦燥を深める必要などないが、米国のアジア外交の基軸が「日本も中国も」という方向で相対化していることは確かなのである。日米関係が二国間関係で完結しない時代を迎えている。

「通商国家モデル」についても、その単純な継続は困難になりつつある。世界が「日本は通商国家モデルに自己陶酔しないでくれ」「他人の懐をあてにして輸出攻勢をかけてくる手法を慎んでくれ」といい始めているからである。優秀な製品を作り、外国に輸出するのも「比較優位論」からすれば世界経済の効率を高める貢献であるが、過剰な輸出超過の継続は世界経済のバランスを崩す元凶とされかねない。

思えば日本は、ヒト・モノ・カネ、あらゆる意味で出超国家である。モノの貿易で八二五億ドル（一九九七年）の輸出超過であるのみならず、ヒトの移動（邦人海外渡航－外国人入国）でも一三五〇万人の出超、カネ（直接投資）でも九〇年代に入っての七年間の累積で二七九三億ドルの出超となっており、いまでも国際化とは「外に出ること」と思い込んでいる傾向がある。これからはむしろ、この国に引きつける力、「アトラクティブネス」（魅力）の総合設計が問われているのである。

日本再生戦略――壮大な実験としての「高付加価値型新首都建設」

米国を発信源とするＩＴ革命を中核としたグローバルな変動の渦巻きを主体的に制御し、「多国間外交・内需主導型国家」への移行を目指すとして、日本として具体的にいかなる戦略が存在するであろうか。日本がとるべき政策論の基軸については、拙著『国家の論理と企業の論理』（中公新書、一九九八年）において論じたが、要するに米国がＩＴ革命で世界を主導する一方で「虚ろな金融主導国家」に変質しつつある状況を睨み、日本産業を空洞化させず、モノ造りを大切にする軽装備経済国家として生き抜くこと、そしてむしろ外のエネルギーを招き入れるようなしなやかな国造りをすること、そうした方向を模索するものである。

ここでは、そうした方向に向けての具体的構想提案へと踏み込んでいきたい。ここでの視点は「内政こそ最大の外交」であり、国際社会に発信し、「多国間外交」を生き抜くためにも、基盤としての経済国家日本を再生し、少なくとも潜在成長力といわれる実質年率二％程度の成長力を実現することである。

現在日本でなされている日本再活性化についての議論の中で間違っているのは、「金融セクターが安定すれば日本は良くなる」という思い込みであり、「減税がなされれば消費も設備投資も創出できる」という議論であろう。それらは外延的条件、つまり額縁の議論であり、大切なのは未来につながるプロジェクト、すなわち絵の中身の議論なのである。特に経済人は具体的なプロジェクトの議論に真剣になるべきで、その中から初めて未来構想が見えてくるのだと思う。

たたき台として、「高付加価値型新首都建設」プロジェクト構想を提起しておきたい。それは現在すでに検討されている「首都機能移転」に賛成とか反対とかいう次元での議論に参加しようというものではない。マクロエンジニアリング、社会工学的アプローチからの総合的国土軸の再設計構想であり、戦後日本が蓄積してきた技術・資金・人材などのすべてを投入しての実験プロジェクトへの挑戦である。

政府の国会等移転調査会の中間報告案ベースで、現在検討されている首都機能移転は「移転費用一四兆円、九〇〇〇ヘクタールの新首都、人口六〇万規模の新都市建設」という構想になっている。この一四兆円という規模は、「内需拡大のためのプロジェクト」ならばさほど大きなものでないことは、たとえば「金融セクター安定のために三〇兆円の国家資金投入」という昨今の事例からも明らかである。肝心なのは、政府案を中核としていかなる付加価値を創出するかであり、その意味で官民挙げての構想力が問われている。

私はニューヨークとワシントンという二つの都市に一〇年以上住んだという経験を踏まえて、社会変革のテコとして首都機能移転を活用し、二一世紀に向けての高付加価値型新首都建設を以下の五つの視点から推進することを提起したい。

一つは、住環境と情報インフラ整備のための中核事業としての新首都建設である。客観的に判断し、日本が「先進国」というにはなお立ち遅れている分野が住環境と情報インフラであることは否定しがたい。

住環境については「二一世紀の日本人も今のような住環境に住み続けるのですか」という課題に応えていく契機として新首都建設を活用すべきである。たとえば、平均的日本人が暮らす住環境のイメージとして国家公務員住宅を位置づけ、新首都における国家公務員住宅は「現在のスペースの倍、地域冷暖房・給湯・エレベーター・駐車場完備」というスペックで構想すべきである。もちろん、残された東京の国家公務員住宅の跡地を高層化して再開発し、同じく充実した新世紀の公営住宅として一般市民に提供し、日本人の住環境を改善していく起爆剤としていくべきである。

今日、「消費が伸びない」といわれるが、その本質的理由は大都市部の住環境にある。東京の一戸当たりの住宅スペースはニューヨークの半分であり、家が狭くてこれ以上モノが買えないのである。未来および子孫に向けて蓄積のきく充実した住環境に住むようになれば、人間は金融資産を取り崩してでも「消費」に向かう。具体的なモデルを新首都建設を通じて示していくべきなのである。

情報インフラ整備についても、日本でも光ファイバー網整備などは計画を前倒しにする勢いで進行中と聞くが、東京の一極集中・過密を前提にしては「情報化関連事業」がいたずらにコスト高で固定的となり、二一世紀の経済活性化の目玉ともいうべき「情報化の推進」の制約となるであろう。すべてが東京集中という事態がもたらす諸問題を解決するためにも、国土軸を再設計し、日本列島を広く活用していく分散化・分権化の発想が必要になる。そのことはまた、分散化・分権化したものを効率的・効果的にネットワーク化するというニーズを生む。そうした方向に向けて、政治機能の新首都と経済機能の東京を効率的にネットワーク化するという課題への挑戦は、大いなるステップになると思われる。ワシントンとニューヨークは四〇〇キロ離れているが、ここを効率的に繋ぐというニーズが、さまざまな情報化関連プロジェクトの研究開発を促し、その立ち上がりがさらなる事業展開と効率化をもたらしていることに注目すべきである。

「米国の設備投資に占める情報化投資の比重は三二％、日本はその半分の一六％（九六年）」といわれ、これからいかにして情報化投資を促すのかが日本経済活性化の鍵なのである。すべての産業分野、さらには行政の分野でも「情報化」が活性化への不可欠の要件である。政府の国会等移転審議会の調査部会でも「情報ネットワークに係る検討」として、インターネットやモバイル機器等の情報ネットワークを当然のことと受け止める世代（NETジェネレーション）の台頭を前提とした新都市機能を研究しているが、この視点はきわめて重要で、二一世紀の情報ネットワーク時代の新首都の要件を整備していくべきである。そうしたアプローチが「ITにおける圧倒的優位性を持って存在している米国」と、それが中心となって形成する渦巻きに日本が主体的に対応していく契機になる。

二つは、環境保全型実験都市への挑戦である。たとえば新首都はエネルギー利用効率を東京の二倍、CO_2の一人当たり排出量を東京の二分の一とすることを目標にして建設することも世界的に意義のあることであろう。集中冷暖房からゴミ処理・リサイクルまで、先端技術開発成果を投入し、「リサイクル・エネルギー循環型の国造り」への実験場とすること、ここに新首都建設の重点を置くべきである。

川勝平太氏の「庭園都市国家」構想（『文明の海洋史観』中公叢書、一九九七年所収）など、日本文化史的視角からも示唆的な未来の国土構想であるが、こうした国土構想に段階的に接近するためにも、新首都建設を環境面からも美的なものとしていくべきであろう。

三つは、文化性重視の新首都建設である。新首都を無味乾燥な人工都市としないためにも、「人間の顔をした都市」とするさまざまな文化的に香り高い企画を実現すべきである。米国の政治首都ワシントンにおけるスミソニアン博物館群の活動やパリ再開発計画などを注視すれば、いかに文化性の高い企画が都市造りの中心に据えられているかが分かる。若者の柔軟な発想を駆り立て、音楽・美術・芸能・スポーツ・歴史などを味わう文化施設の建設を並行させるべきである。

単に「器」としての施設建設だけでなく、運営に関しボランティアなど市民参加型の試みに挑戦することによって、文化性はより自然体となるであろう。また、レストランから居酒屋、ショッピング街まで、自由で創造的な企画が参加できる「場」を提供するべきである。世界の街造りを見てきての印象だが、女性が企画に参加している街造りには勢いがある。生活感のない「権威者」がご託宣を並べる都市設計ではなく、女性が生き生きと参画する新首都造りを期待したい。

四つは、国際中核都市としての新首都構想である。新首都が日本のこれまでのどの首都とも異なるのは、「世界とのコミュニケーション」を意図して設計されねばならないということである。日本の国際化を担う基盤を装備した都市として新首都を構想すべきである。

その意味で、「ジュネーブ・モデル」は大いに参考になる。スイスのジュネーブには「国連欧州本部」があり、一五の国連機関の本部がある。このことによって、世界中から年間四〇万人の国連関係者を呼び寄せ、スイスという国の国際情報密度をきわめて高いものとしている。もし新首都に、たとえば日本が得意とする分野としてのODA（政府開発援助）関連の国際機関や、将来の重要なテーマとして国際機関における常設の組織化が予想される「電子商取引」関連機関などを積極的に誘致し、新首都に併設していくならば、新首都は国際中核都市としての表情をしだいに整えていくであろう。また、アジア地域の多国間の経済および安全保障関連のスキームが構想され始めている中で、やがてその本部機関の常設が必要になると思われ、主体的に日本への受け入れを準備していくべきであろう。

望ましくは「国連アジア太平洋本部」の設立を提案し、誘致することがベストである。

現在の国連は「欧米偏重」であり、アジア太平洋地域には国連機関がわずかしか配置されていない。日本にある国連大学、ＩＴＴＯ（国際熱帯木材機関）、タイのＥＳＣＡＰ（国連アジア太平洋経済社会委員会）などである。日本は国連の安全保障理事会の常任理事国に手を挙げ、思うにまかせぬ展開になっているが、軍事分野の理事会での地位を求めた「大国主義」的アプローチよりも、経済社会理事会関連の地道な活動での国際貢献を求める国際機関誘致のほうが、はるかに多くの国の支持を得られるであろう。その延長上にニューヨーク、ジュネーブに続いて三番目の地域本部「国連アジア太平洋本部」を「アジア太平洋重視」のシンボルとして、日本の新首都に持ってくることは意義があると信ずる。

まったく異なる視点からの付言として、国際中核都市としての新首都を構想することは、広い意味での「安全保障戦略」でもある。直接的には、こうした国際都市は核攻撃がしにくい。また将来の日本の政治の中心に国際的な情報集積の磁場を形成していくことは、日本の国際認識を深め、国際社会の安定・安全についての日本およびアジア地域の関与を高度化していくであろう。

五に、政治と経済の分離メリットの探求である。これまでの日本人の感覚からすれば、永田町も霞が関も丸の内も至近距離にあることが「便利」とされてきた。しかし、それが政治と経済の過剰依存構造を生み、極端な公的規制社会をもたらす大きい要因ともなってきた。政治と経済の「知的緊張」に基づく適切な距離ということを、日本人もそろそろ考えるべきであり、その意味で新首都による政治機能の東京集中からの分離は転機となるであろう。

情報ネットワークや交通体系の整備によって、東京と新首都を効率的に結ぶ方策が確立されると思うが、物理的な距離は過度のもたれあいを避け、経済人の自立心を高めるうえで有効というのが、ニューヨークとワシントンを幾度となく往復した私の実感である。

おわりに――実体経済論への回帰

以上述べてきた五つの視点からの付加価値創出を目指して新首都建設を進めるならば、少なくとも推定三〇〇兆円の波及効果のあるプロジェクトが設定でき、これは日本の実質GDPを年二%、一〇年間にわたって押し上げる効果を持つと試算できる。しかもこれらは近視眼的な「景気対策」ではなく、「未来への投資」として展開されるわけで、拠出したコアプロジェクトの資金がさらなる付加価値を生み出す夢のある戦略なのである。

否定的な人は「中核の官公庁移転関連費用だけでも一四兆円というのに、財源はどうする」という疑問を提示するであろう。だからこそ「プロジェクト・エンジニアリング」の発想が必要なわけで、国家財政にできるだけ負担のかからないプロジェクト・ファイナンスの方策、たとえば郵便貯金財資の有効活用やＰＦＩ（公的資本の民間所有）方式の導入など柔軟な研究の余地があると思われる。

そもそも直面する危機の構造と日本再生戦略を模索する論稿において、新首都建設プロジェクトの構想に入り込むことに関し、新鮮味のない「ニューディール型の公共投資誘発構想」との批判も予想される。

しかし、もう一度、現代世界が直面する危機の構図と、二一世紀の日本が向かうべき「多国間外交・内需主導型国家」を再考するならば、外に何かを言う前に日本自身を再活性化するプランを見せる必要を痛感する。しかも問題意識をあくまでも「実体経済」に回帰させ、この国の自己責任として継続的安定成長を実現し、しかも日本社会をより開かれた形で未来志向で変革していくためにも、その中核となる大型実験プロジェクトの必要に気づかざるをえないのである。

未来が見えてくれれば研究開発も投資も活性化する。継続的成長を実現できなければ、つまり経済の低迷が続き、「失業者の山」を前にしては規制緩和も社会変革も進まない。ここが正念場であり、戦後日本の蓄積を凝縮して投入すべき時である。海外に出ると「日本はどうする」という詰問を受けることが多くなったが、「過去五年の歴代内閣で八〇兆円を超す景気対策」などと説明してもまったく説得力を持たない。三〇秒で誰でも分かる国造りの方向性が必要なのである。「新首都建設を軸にあらゆる知恵を世界から招き入れて実験プロジェクトに挑戦し、三〇〇兆円の付加価値を創出して実体経済を空洞化させない」という方向性は世界に対して説得力がある。

3　幻滅としてのアメリカ　希望としてのアメリカ

――DOW一万ドルとコソボ空爆を繫ぐもの

〔『中央公論』一九九九年六月号〕

ワシントンに到着した日は、ダウ（DOW）が終値で史上初めて一万ドルを突破した一九九九年三月二九日であった。慌ただしい滞在ではあったが、ワシントン、ニューヨークと旧知の人々と面談してきた。九七年春まで、私はこの米国東海岸の二つの街で一〇年間暮らしてきた。帰国後も何回となくこの街を訪れてきたが、今回の訪問では、人々の表情の中に「米国の本質が確実に変化していること」を直感させられた。

不思議なほど米国経済について強気の議論が蔓延している。そして、昔からの友人のほとんどが株や投資信託など、金融資産の運用に関心を抱き、「マネーハンター」のごとき形相になっていた。空港のニューススタンドにも財テク雑誌が並ぶ。「一万ドルも当然」「まだまだ儲けのチャンスを失ってはならない」というのが大方の雰囲気であった。

もちろん、現状に警戒的な人もいるし、構造的問題を冷静に指摘している人もいる。しかし、一九九〇年代に入っての連続した上昇基調の中で、悲観論者・弱気論者はほとんど「オオカミ少年」とされてメディアからの退場を余儀なくされた。かつて日本の高度成長期にも「楽観論者だけが予測をあてる」という事態が起こったが、強気な楽観だけが闊歩する皮肉な局面を米国が迎えているといえよう。

こうした雰囲気の米国では、同時に進行しているNATO軍のユーゴスラビア空爆も、メディアの世界での遠い国の活劇であり、コソボの悲劇も新聞の「マネー」欄を熟読した後の閑話休題に過ぎない。コソボに象徴される「旧東欧」の混迷とDOW一万ドルは、米国を基点とする我々の時代というコインの裏表ではないのか。そこには途方もない狂気が支配している。そう思いながらJFK（ケネディ空港）を飛び立ち帰国の途につき、成田までの機内でアメリカのいまを考え続けてきた。

好調米国経済の死角

経済学では「完全雇用余剰」と表題するようだが、失業率が完全雇用ともいえる水準にまで下がり（一九九九年三月、四・二％）、しかも財政の黒字が実現されているという理想的状況にある。したがって、景気に陰りが見えてきたら、「減税」というカードを使う余力もあるし、ＦＲＢ（米連邦準備理事会）が金利を引き下げることで景気を刺激することもできる。政策選択肢を多様に保有しているということである。

企業も株高で資金調達コストが下がったため設備投資余力が高まり、特に情報化投資が促され、それがまた生産性と競争力を高める形になっている。個人家計も株式などへの金融資産の運用で利益をあげ、それが消費に向かうというサイクルにある。つまり、何やら理想的な好循環にあるというのが、表層観察からの米国経済なのである。

それでは、好調米国経済に死角はないのか。とてもそうとは思えない。深いところで構造的に病んできており、それがこの国の未来への潜在不安を増幅しているのである。いくつかの気になる事実関係から議論したい。

ＤＯＷが終値で五〇〇〇ドルを超したのが一九九五年の一一月二一日であった。それからわずか三年半で倍になったということだが、この間にＤＯＷ三〇種企業の中でわずかに二社であるが、株価がマイナスになっている企業がある。それはボーイング（五％減）とイーストマン・コダック（六％減）である。ともに米国を代表するような製造業企業である。また、同期間に最も株価が伸びた企業は、ウォルマート（二八七％増）、ＩＢＭ（二七六％増）、シティ・グループ（二六二％増）であり、消費流通、情報産業、金融という分野が株価の牽引車であることを象徴している。

また、一九九〇年代に入っての、九〇年一〇月から九九年三月までの期間にDOWは三二三％伸びたが、インターネットなど情報化関連の新興企業群を上場させているNASDAQ（ニューヨーク店頭市場）は六六六％の伸びをみせている。これらが実体経済を反映しないバブルとは言わないが、明らかに適正なバランスを欠くものといわざるをえない。現在、米国のGDPは世界の約二割強を占めるが、ニューヨーク株式市場の時価総額は世界の株式市場の五割に迫ると推計される。常識的にいってこれはあまりにも不自然である。

明言すれば、米国の産業の性格は一九九〇年代を通じて急速に変質した。金融に過剰依存する「金融主導型資本主義国家」という性格を一段と濃くしたのである。このことは本書でもすでに論及したが（「危機の本質と日本再生戦略」）、IT革新を金融セクターが吸収し、デリバティブに象徴されるような先端的情報ネットワーク技術に支えられた金融派生商品を肥大化させ、非貯蓄系金融機関（ノンバンク）など直接金融が産業に占める比重が高い経済構造へと変身してしまった。つまり、ウォールストリートに依存して飯を食べる国になってしまった。

こういう米国経済にとっての死角であり最大の悪夢は、金融セクターの優位性を生かして錬金術のように世界中から米国に引き寄せてきた資金が米国に流入しなくなることである。米国に相対的な魅力を感じて資金が流入してきたわけだが、一九九五年以降は一段と流入が加速され、経常収支も九七年は一五八二億ドル、九八年には二二七七億ドルの赤字、九九年も二八〇〇億ドル程度の赤字と予想されていた（注＝結果は三四〇〇億ドル）。整理していえば、ドルの基軸通貨としての安定性、金利の相対的高さに魅力を感じて資金が米国に流入したといえるが、加えて４０１ｋ（確定拠出年金）やデリバティブなどを生み出した金融工学が金融市場を活気づけ、儲けへの嗅覚を働かせた資金を吸引したといえる。

よく、「４０１ｋの拡大が株式市場を押し上げた」とされるが、４０１ｋの一九九七年末残で約一・八兆ドル、うち八〇〇〇億ドルが株式、四〇〇〇億ドルが投資信託に向けられたといわれ、なるほど４０１ｋが株高を下支えした構図が見える。そして株高が更なる値上がり期待からの資金流入を誘引するという循環になっているのである。

米国の個人金融資産の約四割が株式市場に投入され、所得一〇万ドル以上の人の場合は実に資産の六割が株式市場に入っているとされる。金持ちほど株価上昇の恩恵を受けていることは間違いないが、万一株価が急落した場合、極めて多くの米国民がインパクトを受けるであろうことも想像できる。現状は、「すべての人が株高によってハッピー」という共同幻想の中にあり、反転すれば危機は過敏なまでに増幅されるであろう。絶好調に見える米国経済ではあるが、外部依存の高い金融偏重型経済の陥穽は暗く深いものがある。

幻滅としてのアメリカ――コソボなるものの本質

先に「コソボとDOW一万ドルはコインの裏表」と書いた。言葉の遊びではない。一九九〇年代という二〇世紀末最後の一〇年を生きた我々が時代認識として持つべき中心イメージだと考えるのである。九〇年代の初頭、かつて東側と呼ばれた社会主義陣営が崩壊し、冷戦の終焉を迎えた。地球上には五八億人の人間が住むが、その大部分が「市場競争」というメカニズムに参入し、「大競争の時代」を迎えたというのが、九〇年代世界の共通認識となった。「グローバリズム」という名前で市場競争主義が国境を超えて闊歩し、その発信源はいうまでもなく米国であった。

そうした潮流の中で旧社会主義圏たるソ連・東欧はどうなったか。かつてこれらの地域を束ねていた社会主義イデオロギーは霧消し、民族とか人種を超えた上位価値とされてきた「万国の労働者、団結せよ」という階級論は過去のものとされた。そして本格的に押し寄せた「市場競争」「改革開放」の中で、かつての東側は分断され動揺し始めた。市場化の波に比較的うまく乗った中欧の優等生たち、ポーランド、チェコ、ハンガリーは一段と西欧化を強め、「EUの仲間」として招き入れられていった。取り残された東欧では、市場主義に翻弄されながら、経済的安定も思うに任せず混迷を深めてきた。苦境を超えて国を結束させるには「理念」がいる。幻想・虚構ともいえるものではあったが、「社会主義」が健在であった時には、「階級なき社会」への人類史の実験に参画しているという理念があった。それが消え去った時、そして新しいイデオロギーとしての「グローバルな市場主義」の内実への失望が加わった時、人々の心には最後の拠り所としての「民族・人種」への回帰が起こった。

「冷戦の終焉」について、「資本主義が社会主義に勝ったのだ」という程度の薄っぺらな歴史認識を持って、ロシアやかつて東欧といわれた地域を訪れたならば、不思議な感慨を覚えるであろう。冷戦後、西側が東側に持ち込めたものは何かという視点で注視すると、すでに述べたように米国のハンバーガー・チェーンに代表されるジャンクフードであり、おぞましいほどのセックス産業であり、ギャンブル産業なのである。つまり、「改革開放」という名前で進行したものの実態は物悲しい拝金主義とマネーゲームの跋扈である。

東側といわれた地域で、民族主義、愛国主義と結びついた形でかつての社会主義政党や共産党の勢力がいかに根強い支持を得ているかを見ていると、最初は不可解であったが、次第に納得がいくような気になる。もし問題意識と志のある青年ならば間違いなく「改革開放」の虚構を見抜き、民族主義や社会主義のメッセージに吸い寄せられていくであろう。それほどの荒廃が進み、米国流の市場主義はその克服への解答たり得ないことを示しているのである。

そうした本質的問題を一顧だにすることもなく、米国は楽天的に自分の道を進んでいる。あきれるほどの自己過信の中で、例の「おせっかいな善意」を押し立て、コソボの空爆にまで踏み切った。「人道介入」を理由として、NATO軍を動かしコソボを爆撃することによって、何かが解決すると思っているのであろうか。クリントン政権は、NATO拡大と自らの主導力を誇示するためのメンツにかけ、あるいはミロシェビッチの残虐な「民族浄化」行為に対する「人道的正義」にかけ、逆上したように空爆を開始したわけだが、一般的アメリカ人の受け止め方は、DOW一万ドルの熱狂の中で、安楽イスに座って「本日の儲け」にほくそえみながら、ハリウッド映画で善玉が悪玉を懲らしめる活劇を見るような感覚でコソボを眺めているというのが現実である。そこには、自らの判断や関わりが多くの生身の人間の運命を変え、血塗られた憎悪を増幅することになるかもしれないという、当事者としての厳粛な覚悟のようなものは皆無である。

混迷と疲弊の中で、民族と人種に帰っていく人間の弱さにはいささか辟易するが、結局のところ、コソボとは米国流のグローバルな市場主義の限界の象徴であり影なのである。「米国流の金融主導市場経済で冷戦後の世界の人々の心を束ねられますか」という問いに直面しているのであり、その問いかけに苛立つように、米国は米国の正義を掲げて軍事行動に踏み切ったのである。まさにその意味で、金融資本主義の到達点としてのDOW一万ドルとコソボは対照的な裏表なのである。

米国の世界との関わりを再考していて、興味深い数字に出合った。一九世紀の米国は対外戦争を三回だけ戦い、四三七八人の戦死者を出したという。三回の戦争とは、一八一二年の対英戦争、一八四六年のメキシコとの戦争、そして一八九八年のスペインとの戦争であった。ところが、二〇世紀の米国は、産業力の隆盛とともに「モンロー主義」を捨て、国際問題への関与を強め、第一次大戦、第二次大戦、朝鮮戦争、ベトナム戦争、湾岸戦争という五つの大きな戦争だけで四二万六二〇八人の戦死者を出してきたというのである。

もちろん、これ以外にもさまざまな形で軍事介入を繰り返してきており、「米国の正義」のために犠牲になってきた米国の青年たちの墓標、そして「米国の正義」の敵対者として葬り去られてきた人々の無数の墓標を想像するならば、慄然とするものがある。今日、米国は米国本土以外の海外に四八万人（一七万人の洋上配置を含む）の兵員を配置し、あたかも世界の警察官のごとくあらゆる地域紛争に介入しているといえる。そして日本も、この半世紀以上、この「米国の正義」の枠組みの中で守られてきたのだから、他人事の感想がいえない立場でもあるのだ。

悩ましいのは、世界各地で展開される「米国の正義」も、時にご都合主義に揺れ動くということである。例えば、トルコにおけるクルド人の独立運動は「テロリスト」とされ、コソボにおけるアルバニア系のコソボ解放軍（ＵＣＫ）は「民族浄化に耐えて戦う英雄」となる。しかも、コソボ解放軍も一年前までは「テロリスト」扱いであった。

米国は建国の時点から、ピューリタン的に一つの理想に酔いしれる体質を持つ。また、多民族国家の宿命として、多民族を束ねる理念性にこだわる「理念の共和国」だともいえる。現在、米国が掲げる理念は、政治的には民主主義、経済的には市場主義である。この理念のために戦うのが「米国の正義」となる。しかし、世界中で際限なく拡大する地域紛争に巻き込まれないためにも、この「米国の正義」の呪縛から解き放たれることが、日本にとっても必要になっているのではないか。

冷戦後の世界における米国の地域紛争への関わりは危険でさえある。唯一の超大国となった米国を率いるクリントン政権の外交は、ワシントンの外交専門家でさえ「素人外交」の危うさを指摘する声が強く、中東でも、アジアでもことごとく地域戦略に失敗しているといわざるをえない。地域専門家のその地域の歴史・民族に関する精緻な意見を聞かず、ホワイトハウス主導でメディア向けパフォーマンスを意識した外交を優先させるからである。冷戦下の一定の歯止め・牽制もなく、安直な判断や軽率な行動がなされがちで、ほとんどの地域で反発と失望を招いているといってもよい。

私は一九九一年から六年間、ワシントンで仕事をしてきた。ホワイトハウスからわずか一ブロックの所にオフィスがあったのだが、忘れもしない九五年一一月、村山内閣の時にクリントン大統領が訪日を突然に中止するということが起こったが、まさにその日に、ホワイトハウスでは、かのモニカ・ルインスキー嬢と大統領との「不適切な関係」がもたれていたのだという。個人的な異性関係などに興味はない。ただし、「陣中戯《ざ》れ事なし」という言葉があるごとく、大統領執務室で、世界の核のボタンを握っている人物が「不適切な関係」の片手間に世界の地域戦略を決めるというのならば、それは失笑を超して、怒りの対象である。しかも、現在の米国には、「まあ経済が好調だから目くじらをたてることもない」といった世論を背景に、筋道を通した大統領断罪さえできなくなっているのである。

嫌みではなく、親愛をこめて「幻滅としてのアメリカ」を語るべき時がきていると思う。唯一の超大国という思い上がりと過剰なマネーゲームの中でアメリカ精神が死ぬことを悲しむからである。かつてこの国は額に汗して働くことを大切にする「ピューリタン的勤勉さ」の国であった。濡れ手に粟の利益を目指すマネーゲームの国ではなかった。金融主導型の資本主義をグローバリズムとして世界に展開するだけの国でいいのか。心から問いたい。また、かつてこの国は、地域のことはその地域の住民が意思決定すべきことを求めて宗主国英国からの独立戦争を戦った。いかなる地域の紛争も結局はその地域に生きる人が自覚と責任を持って粘り強く決定しなければ、いかなる大国が介入しても解決にならないことを、最も理解すべきが米国ではないのか。自らが傲慢にも価値を押し付ける側に回っている現実を認識すべきである。

希望としての米国——それでも学ぶべきもの

幻滅としての米国を語ってきたが、さまざまな問題を内包しながら、それでも米国は魅力的であり強靱である。米国というシステムをあえて一言で表現するならば、「多様性の温存」ということができる。そもそもが移民の国で、民族的にも宗教的にも多様であり、米国ではとりあえず多様性を許容しなければ生きていけない。米国そのものがグローバル社会の縮小モデルのような性格があり、グローバリゼーションといわれる時代にそもそも違和感がないという面がある。さまざまな自己主張を吸収し、ギリギリの調整を実現していく地合いのようなものを具備しているといえる。

このことが米国の際立った強みに繋がっていることを痛感する。それは、構想やアイデア、あるいは技術可能性を現実の事業やプロジェクトにしていくエンジニアリング力である。すなわち、多様な断片的部品や要素をそれぞれの特色を生かしながら総合設計する力に優れているといわざるをえない。

例えば、ＤＯＷ三〇社にも入っているディズニー社の生成発展を見ても、米国の特質がみてとれる。ウォルト・ディズニーが漫画映画のキャラクターとして「ミッキー・マウス」を生み出したのが一九二八年であったが、このネズミを起点として今日の巨大なメディア・エンターテインメント事業が形成されていくプロセスには驚嘆すべきものがある。五五年にはカリフォルニアにディズニーランドを開園、さらに七一年に開園したディズニーワールドには、東京の山手線内側の面積の二・五倍という土地に順次、大小さまざまなテーマパークを建設、九八年には四つ目の大型パーク、アニマルキングダム（動物王国）をスタートさせた。

テーマパークの生命は、繰り返し訪れる観客（リピーター）をいかに確保するかである。そのためには最先端の技術を駆使したアトラクションを絶えず研究投入することであり、現在の人気アトラクションは三次元アニメーションやバーチャル・リアリティ（仮想現実）など情報先端技術を投入したものである。また、最近のディズニーは、ニューヨークのブロードウェイに「美女と野獣」や「ライオン・キング」などのミュージカルを持ち込み、劇場ビジネスにも参入、映画、テレビ・ネットワークも含め総合メディア・エンターテインメント事業会社になっている。こうしたディズニーによる「文化の席捲」に警戒と怨嗟の声もきかれるほどである。ネズミに始まった夢を次々と現実とし、数十万人を雇用するプロジェクトとするエンジニアリング力には舌を巻くしかない。

さまざまなアイデアが雨後の筍のように芽生え、それを多くの人たちが支援・吟味して実現していくという米国的方法論が最も成果をあげたのが、このところの情報技術革新でもある。間違ってはならないのは、米国に情報技術革新が成功したのは、政府の産業政策が的確だったからではなく、お上の助成措置が功を奏したわけでもない。シリコンバレーの生成やマイクロソフト、インテル、AOLの台頭をみても、研究者、企業家のやむにやまれぬ情熱、そしてそれらの挑戦にお金が回るように支援したベンチャーキャピタルやNASDAQなどの金融システムの柔軟さが、情報のハード、ソフト双方における米国の優位性をもたらしたのである。これも産業エンジニアリング力と呼ぶべき底力である。

インターネットもそもそもはペンタゴンのARPA（高等研究計画庁）の開発した基幹プロトコール（規約）が民生用に開放され、商用ネットワークとリンクしたものであるが、これらが情報化社会の次世代インフラとして世界中に定着していくプロセスを注視しても、米国の凄みを実感せざるをえない。インターネットの技術特性は「自律分散型の情報メディア」にあると言われるが、本質的には米国の情報システム優位を定着させているようなもので、世界は米国のシステムの追随者たらざるをえないのである。

この点については拙著『国家の論理と企業の論理』（中公新書）で言及したので詳論を

避けるが、実に現代世界における米国の優位性とは、インターネットの席捲のみならず、S&Pやムーディーズなどの企業格付け会社が「市場の声」を代弁する形で実体的にグローバルな企業経営を規定していく展開力、さらにはKPMGやアーサー・アンダーセンなどの企業会計コンサルティング会社が、米国流の会計原則、金融財政システムを世界に定着させるための先兵のごとく活動している状況などに象徴されるものなのである。つまり、目に見えない価値をシステムとして実現するエンジニアリング力が際立っているのである。

また、まったく次元が異なるが、社会工学的知恵という意味でも、米国には注目すべきものがある。例えば、NPOの活動である。米国には一二〇万のNPOがあり、約一〇〇〇万人がNPOに参画して生計を立てている。教育・文化・福祉など公共の目的のために活動するNPOが多様に存在し、その活動に無報酬ではないが「社会的意義」を感じて低い報酬で参画する人が層厚く存在している。そのことが、ともすると競争至上のマネーゲーム社会になりがちな米国の荒廃を抑え、社会政策に要するコストを引き下げていることは間違いない。これも社会工学、つまりエンジニアリング力の一環であり、米国の実験性は注目すべきものがある。

一九八〇年代末の日米財界人会議で、日本の経営者が「我々はもはやアメリカに学ぶものはない」と発言していた。確かに、あの時点では工業生産力という意味では、二〇世紀の大量生産・大量消費文明をリードしてきた米国の衰亡が語られていた。その後、九〇年代に入って「米国の再活性化」がいわれる最大の理由は、ITにおいて米国の優位性が確立されてきたことによるが、我々は「見えざる財の創出力」、すなわちシステムとかソフトウエアを創造し、それを世界の基準としていくエンジニアリング力において、米国に後れをとったということなのであろう。

二一世紀は「サイバー・フロンティアの時代」になると想像される。単純な意味での有望産業も有望地域もなく、情報ネットワークを生かして見えざる財を創造できるか否かが、あらゆる分野での成功要件になるということである。その意味で、米国のしなやかな可能性は魅力的であり示唆的である。多様なエンジニアリング力に学ぶべきことは多い。

そして日本——自尊と主体性を求めて

コソボとDOW一万ドルの谷間に見える一九九〇年代米国の本質を再考する時、日本のとるべき基軸が見える。米国の、軍事力の外交の論理から距離をとることであり、金融主導型資本主義から一線を画すことである。それには固定観念からの脱皮が不可欠である。

思えば、太平洋戦争の敗北から五〇年の日本は、日米同盟という枠組みの中で米国との運命共同体的な関係を続けてきた。にもかかわらず、至近距離にあるだけに相手を客観視できない部分があり、固定観念を脱して付き合うことが意外に難しいことに気づかざるをえない。

日米関係がいかに固定観念の金縛りにあっているかの典型例として、「日米安保ガイドライン」の見直しに触れておきたい。国会およびメディア議論の中で、「周辺事態」だとか「後方支援」などについて細かい議論がなされたようにみえるが、不思議なことに、「極東一〇万人の米国兵力の配備、とりわけ四万人の在日米軍基地の存在」は、日本および極東の安全保障を確保する当然の前提であるかのように扱われ、一切の疑問は提起されなかった。

これからの日米同盟関係をより建設的に踏み固めるために、日本としてこだわらねばならない一点は、基地問題である。日米の軍事協力関係を今後も深化・継続するにせよ、日本の自尊にかけて「在日米軍基地を段階的に縮小する方向性を明確にして、その中で極東・アジアの安全保障の仕組みを再設計する」ことである。

残念ながら国際社会での日本の冷厳な位置づけは、「米国によって守られている保護領」である。ブレジンスキーが近著で日本をProtectorate（保護領）と表現しているごとく、ごまかしなくいえば「本人は大人だと思っている子供」が日本なのである。一九九九年四月一三日付『朝日新聞』に日米関係についての朝日・ハリス日米世論調査結果が報告されている。最も注目したいのは、「在日米軍は何のために日本にいるか」という設問に対し、米国人の四九％が「日本の軍事大国化を防ぐため」、三四％が「アメリカの世界戦略のため」と答え、日米安全保障条約の建前である「日本を防衛するため」と答えたのはわずか一二％であった。ここに米国人の「対日不信」の本音が現れている。

米国からすれば、日米安保は片務条約であり、「なぜアメリカの若者の血を流してまで世界最大の債権国日本を守らねばならないのか」という「日本の防衛ただ乗り」へのフラストレーションがつきまとう。したがって、日米安保には「日本防衛」以外の戦略的意義があるという心理が働き、前記の世論調査結果のようなことになる。他方、日本からすれば、日米安保は在日米軍駐留経費の七割を日本側が負担する「ガードマン条約」のような認識に傾きがちとなる。

こうした日米安保イメージの相互矮小化を解消するために、「日米の防衛協力をより双務性のあるものに修正する」ことを意図して、ガイドラインの見直しが行われ、「周辺有事」と「後方支援」の実体的拡大という二つの意味で、米国のフラストレーション解消へと踏み込まれた。ただし、同時に日本側から米国に要求すべきテーマが一切出されていないことが問題である。それは「在日米軍基地の長期的縮小プログラム」であり、「基地の地位協定の見直しと通じた主権回復」であり、「来年（二〇〇一年）期限がくる思いやり予算の圧縮」である。おそらくそれは米国が持ち出してほしくないテーマであろう。だが、それを真剣にテーブルの上に乗せてこそ、日米同盟は相互に敬意を抱く「知的緊張」に満ちた関係になる。一九六〇年安保から四〇年が経過し、軍事技術が飛躍的に進歩したというのに、米軍基地が規模・地位ともに「このままでいい」というのは不自然なのである。

我々が直面しているテーマは、ちょうど小村寿太郎や陸奥宗光が苦渋の闘いをした「条約改正」にも匹敵する。屈折した反米ナショナリズムではなく、グローバルな常識として、日本が独立した国家である限り、外国の軍隊の駐留のない安全保障の仕組みを模索することは当然の基軸なのである。この点への問題意識が希薄である限り、あらゆる日本の進路の議論は受動的となる。

固定観念を脱皮して、柔らかい選択肢において極東地域の安全保障の仕組みと軽武装経済国家日本の防衛を再構想すべきなのである。私自身の試案は「柔らかい総合安全保障論の試み」（『中央公論』一九九八年一月号）で論じたが、最近の米国の防衛専門家との議論からの印象では、米国のほうがはるかに柔軟なシナリオにおいて日米安保の将来をシミュレーションしており、日本も米軍の極東からの撤退を含む多様なシナリオへの対応を想定・準備しておいたほうがよい。

もう一点、日本人が凝縮すべき問題意識は、米国流の金融主導型グローバリズムへの追随しか生き残る道はないという固定観念を脱却して、経済再生への構想を創造することである。残念ながら一九九〇年代の日本は、米国というエンジンに過剰な負担を与え、太平洋を挟んで二つのエンジンでバランスよく支えることができなかった。潜在成長力を少なくとも若干上回る実質二%程度の成長を新しい自前の構想で実現しなければ、国際社会への発言力もない。

その方向への要件を再確認するならば、一つは「モノ造り主導の内需拡大」の探求であり、ＩＴを金融分野に吸収して変質した米国との対照において、日本はＩＴをモノ造り分野の活性化に投入する知恵が求められる。二つは、貿易、投資、人の交流などあらゆる意味で「出超国家」となっている現実を省察し、海外からモノ、カネ、ヒトを魅きつけて日本再活性化に生かす方策の探求である。

そこで問われるのがエンジニアリング力なのである。経済を活性化させる主体は、「金融セクター改革、減税、規制緩和」などと制度条件を論ずる評論家ではなく、経済の現場でやむにやまれぬ情熱を持って新しいプロジェクトを推進する経済人である。その意味で、この国で真剣に議論されるべきは、プロジェクトであり、先述のごとくアイデアや構想をプロジェクトとして現実化していく米国のエンジニアリング力には学ぶべきものが多い。

この点に関し、私は前章の「危機の本質と日本再生戦略」において、「高付加価値型新首都建設」をマクロエンジニアリングのモデルケースとして、日本が蓄積してきた資金・技術・人材を投入して付加価値を創出する構想を論じたが、さまざまなプロジェクトに知恵と情報で付加価値を与えることに、我々の関心の比重を移していく必要を強調したい。

日米経済関係も、相互の利益になる戦略的提携プロジェクトの実現を通じて相互依存を深化させ、日米経済のバランスのとれた発展を図るべき時代を迎えつつある。そのためには、日米間で「自由貿易と投資促進協定」のようなスキームを構築し、アジア太平洋地域の自由化促進の先行モデルとすることなども検討に値するであろう。日米関係の建設的未来にとって、防衛関係における適切な「間合い」と経済関係における「協調」のシステムの同時構築が必要と思われる。

Ⅲ部　構想

――再生への視座

何故、いま「エンジニアリング力」なのか

日本の二一世紀への進路を構築する際、重要なのは「総合設計力」、すなわち時代のあるべき姿を総体として描ききる構想力であろう。本書において、私は再三にわたり、日本再生の鍵を握る概念として「エンジニアリング力」について言及してきた。「エンジニアリング力」とは、多様な要素や手法を組み合わせて問題の解決を図るアプローチであり、体系的・総合的に解答を探る総合設計力を志向することである。思えば、日本という国は不思議な国である。個別の要素については、世界的にも一流のものをことごとく保有している。例えば、人材も専門性の高い優秀な人材を抱えている。技術も総じて高いレベルを有している。資金もある。なにしろ、海外に対して一兆ドルの貸方になっているのである。にもかかわらず、それを総合化して生かしきる総合設計力がない。つまり、生け花をイメージするならば、美しい花という素材は有り余るほど持っているが、それを立てる「剣《けん》山《ざん》」を構想できないでいるということである。

政府の審議会や各種の政策研究会に参加して痛感することは、この国の総合設計力の欠落である。それぞれの専門家が自らの専門性に特化した適切なコメントや問題点の指摘は

しているが、代替性のあるような総合政策はいっこうに見えてこないのである。「全体知」を欠いた専門性ほど怖いものはない。分断された知性によって、総合戦略がひきちぎられ、意味の無い瑣末な技術論に埋没したままという事態がもたらされるのである。日本の進路の総合設計についての構想力が試練にさらされているのである。取り戻すべきはまさにこの「全体知」であり、私たちは粘り強く思考の筋道を辿らねばならない。

日本経済の現状――奇妙なねじれについて

新世紀初頭の日本経済の現状を示す興味深い数字がある。銀行の企業向け貸出残高の推移である。二〇〇〇年末の銀行の対法人貸出残高は三四六兆円であり、二年前と比べて三五兆円も減少している。対中小企業向けは横ばいであり、大企業向けが三五兆円減ったということになる。三五兆円という額は、この国の一般会計における公共投資総額の三年分を上回る額である。ちなみに、この二年間で個人向けの銀行貸出残高は三兆円増えているから、いかに大企業向けの貸出が減ったかが際立つ。

これは何を意味するのか。もちろん、これは銀行の貸し渋りではない。むしろ、大企業の借り渋りなのである。長期不況の中で日本企業の業績が悪化しているためではない。企業セクターの収益力は、堅調な世界経済に支えられた輸出の伸び（前年比九％前後）や継続的リストラ効果で回復基調にあり、二〇〇一年三月期の上場企業の経常利益は前年比で二五％以上の伸張が予想される。にもかかわらず、大企業の銀行からの借り入れが減っているということは、企業が銀行に金を返しているということであり、「借り渋り」というべき状況なのである。

日本企業は儲かった金を設備投資や新規事業投資に向けるよりも、ひたすら銀行に金を返す方向に動いているということである。二〇〇〇年度の企業設備投資は前年度比五％増程度となる見込みであり、企業はリストラ効果で実現した利益増の大半を「財務体質の強化」のために使う行動を選択しているということである。皮肉にも、これはこのところ金融系のエコノミストやコンサルタント、アナリストが声高に主張してきた「キャッシュフロー経営」の帰結である。

「市場が企業の価値を決める時代」といわれ、株式市場、すなわち株主に評価される経営を目指すべしというのが、九〇年代以降の潮流であった。つまり株価が高く、配当が高く、株主に説明責任を果たす経営が、「良い経営」とされるという認識が定着してきた。米国流の株主資本主義に基づく「コーポレート・ガバナンス」論の影響である。この潮流の中で、日本の経営者は慎重になった。バブル後遺症を引きずっていることもあり、口では「前向きの挑戦」や「攻めの経営」を口にしながら、実際には徹底した脇固めに出た。投資の徹底した選別、研究開発の抑制、人事制度の見直しによる総人件費抑制を続け、その帰結が「キャッシュフローの中での投資」という抑制の効いた経営であった。

つまり、金を借りてまで新しいことに挑戦するのはいかがなものかという雰囲気が満ち溢れ、収益が挙がれば、できるだけ借金は返そうという潮流が形成されたということである。分かりやすいイメージでいえば、激動の時代だから体を鍛えておこうと思い立った男がひたすらアスレチッククラブに通いつめ、モリモリの筋肉マンになり、もっぱらシャドーボクシングはしているが、決してリングには立とうとしない状態とでも言うべきだろう。不用意にリングに上がり、リスクをとったならば何が起こるか分からないし、観客や評論家の目線も気になるから、とりあえず体を鍛えるだけに留めておこうという風潮である。

そして誰も何もしなくなった、とでも言うべき閉塞感の中に我々は立ち尽くしている。本来、資本主義は投資家に支えられた事業者がやむにやまれぬ情熱を持って事業やプロジェクトに立ち向かう熱気によって形成される仕組みであった。経済の現場にある人間が、自分が取り組みたい事業やプロジェクトを語らず、減税や雇用調整金や損失補填の仕組みばかりを議論するようになってしまった。それこそが「資本主義の退嬰」を象徴するような状況なのである。

日本経済が「奇妙なねじれ状況」に直面していることに気づかねばならない。前述のごとく、二〇〇〇年度の上場企業の経常利益は前年度比二五％増の見込みである。しかし、その利益増を企業が何に使うかをみれば、設備投資は五％増と情報化関連投資を中心にとりあえず増加しているのに対し、労働分配、すなわち賃金はほぼ前年度比横ばいである。つまり、企業は儲けの多くを借金返済にあて、若干の設備投資増以外は、人件費を中心に総経費抑制を進めているということである。雇用者にとっては、企業業績が好転しても賃金は増えないから、消費心理は冷え込み、家計消費は前年度比二％前後の減少となる。本来、こうした構造が見えると雇用者の不満が高まるはずだが、ほとんどの業種で進行する二極分化（勝ち組企業と負け組企業の格差の極端な拡大）という現実を見せつけられると、「賃上げよりも雇用の確保」という守りの心理が働き、「企業別組合」の弱点をつかれる形で労働組合運動もなすすべなく後退している。「春闘の終焉」はその象徴である。そして、GDPの六割を占める個人消費の低迷が、回り巡って企業業績の首を締める悪循環の中にあることはいうまでもない。

底なし沼からの脱出

潜在する金融不安を払拭するために、銀行が抱える不良債権を抜本的に償却すべしという意見がある。「べき論」としての妥当性は支持するが、現実に償却しようにも、株価の低落もあって底なし沼のように不良債権が増え続け、償却しきれないという事態が続いているのである。全国銀行の自己査定による不良債権額は、一九九八年三月末に六五・七兆円だったが、二〇〇〇年九月までに累積二〇・二兆円も償却したにもかかわらず不良債権額は六三・九兆円とわずかしか減っていないのである。株価の低迷が続けば、償却財源がなくなり償却が進まなくなるばかりか、潜在する不良債権は膨らみ、将来に積み残す要償却額の肥大化が進むのである。

デフレ・スパイラルの下降局面で償却を進めても、文字通り「底なし沼」となる。また、下降局面で分配の調整をしようとしても、小さくなるパイの中での分配の調整は血まみれの殺気だったものとならざるをえない。何としてでも、緩やかな上昇局面での分配の調整を実現しなければならないのである。適正なレベルの成長については多様な意見が存在する。日本経済の潜在成長力をどの程度と見るかにも左右されるが、長期的な人口の減少が予想される中での適正成長として、実質年率二％前後と考えたい。ちなみに、米国の二〇世紀一〇〇年間の年平均成長率が二・一％であり、日本のそれは四・三％であった。

日本産業の構造、および需給の均衡点を考えた場合、現実には二％前後の成長を実現することも容易ではない。特に、輸出ドライブをかけて外需依存の成長が期待できる時代ではなく、世界経済との調和の中での安定成長を考えるならば、内需創造型の経済国家を目指さざるをえない。つまり、他人の懐をあてにして自分が豊かになるだけでなく、他人にも懐を広げる経済国家にならねばならないのである。しかも、バブル景気の再来ではなく、実需に繫がる内需拡大を図り、緩やかで安定した成長軌道を実現する構想力が試されるのである。

この国において、決定的に失なわれているのは「未来への確信」である。確信が持てないから、消費も投資もできないのである。企業や個人を奮い立たせるような「壮大な未来構想のプラットフォーム」が志向されるべきなのである。このような構想を提示する責任は、一に「政治セクター」であり、その指導力が求められるのだが、一九九〇年代以降だけで九人の首相を登場させ、政策選択肢も見えないままの液状化状態を続けている日本において「政治指導力の復権」を期待することは一〇〇年河清を待つに等しい。払拭しなければならないのは安易な「他者への期待」の心理である。経済再生についても、財政の出動や金融政策に過剰期待・依存する前に、我々自身の未来に向けて挑戦すべきプロジェクトを議論すべきであり、多様で創造的なプロジェクトを配置・展開できる基盤となるプラットフォームを構想すべきなのである。それが内需創造型でなければならないことは、再言の要もない。

構想力などというものは、演繹法や帰納法的な視界からは出てこない。残念ながら、戦後の社会科学を学んだ人間、つまり我々は問題への取り組みの思考法として演繹・帰納型のアプローチしか身につけていないといえる。事象の積み上げの中から法則性を抽出する方法か、ある種の理論枠の中で事象を解説してみせる方法である。しかし、問題解決へのアプローチには「仮説法」型のパラダイム・ジャンプが必要なことが多い。つまり、ある「仮説」を閃き、その仮説に基づいて解答を検証していくダイナミックな方法である。時代を切り開く「戦略」などというものは、こうしたパラダイムを変えるアプローチによってのみ姿をみせる。実は、それこそがエンジニアリングであり、プロジェクトのエンジニアリングからＮＰＯなどの社会貢献型団体の創造を探求する社会工学（ソーシャル・エンジニアリング）まで、我々が学ぶべきテーマは「大胆な仮説に基づき、多様な要素を組み合わせて問題解決を図るエンジニアリング」であろう。

日本再生への視界を開くために、いくつかの具体的なエンジニアリングの事例に踏み込んでおきたい。唐突に受け止められるかもしれないが、頭の体操のような気分でこの国の再生への「問題解決型アプローチ」を具体的にイメージできれば、というのが私の意図である。

1　プロジェクト・エンジニアリング試論

(1)首都圏空港整備

縮み志向

「公共投資バラマキ批判」が世論の主潮となる中で、大型プロジェクトの重要性を強調することは時代錯誤との論難を受けかねない。しかし、熟慮一番、あえてプロジェクトの選別的推進の必要性を提起し、視点の整理に一石を投じたい。経済の活性化には、多様な研究開発を促すプラットフォームとなる具体的プロジェクトを実現することが不可欠と考えるからである。現下の日本において問題なのは、政府、企業、個人ともにリスク回避を優先するあまり、極端な「縮み志向」に陥り、未来志向のプロジェクトを議論しなくなりつつあることである。

この数年の日本経済再生の議論を思い起こすと、景気浮上の方策としてさまざまな刺激策が展開されてきたことが分かる。「オブチノミックス」といわれ、デフレ・スパイラルを回避するための財政出動がその主柱であった。金融再生に七〇兆円、中小企業信用保証特別枠に三〇兆円、公共事業に二〇兆円、恒久減税に六兆円、地域振興券に七〇〇〇億円という具合に大盤振る舞いを続け、その結果が中央・地方合わせて六四五兆円ともいわれるＧＤＰの一・三倍に匹敵する借金である。財政の健全化を主張する論者からは、政府の無策を糾弾する声が聞かれるが、「借金漬け」は国民自身が財政出動を期待してきたことの帰結でもある。

我々はあまりにも景気を刺激するインセンティブの技術論のみを論じてきた。それは絵を際立たせる「額縁」の論議にすぎず、肝心の「絵の内容」についての議論が疎かになってきた感がある。経済産業の世界で論ぜられるべき「絵の内容」とは、あくまで具体的事業やプロジェクトであり、未来展望とビジョンの中で、事業やプロジェクトを推進することである。まず事業構想やプロジェクトが存在し、次にその実現を支援するインセンティブが議論されるのが順序である。

首都圏空港整備

世界の多くの経済人と対比して実感するのは、日本の経済人の「政府の役割への期待」の強さである。世界で実績を挙げている経済人で「政府が自分の事業のために何かをやってくれる」などという期待を語る人に会ったことはない。自ら主体的に課題を克服する意志のない経済人ほど、「政府は何をやっているのか」と悲憤慷慨するのである。政府主導による「上からの産業化」を進めてきた日本近代史の宿命なのか、相変わらず政府に過剰に期待する構図が続いている。

我々はそろそろ他人依存の「インセンティブ期待論」を卒業して、未来を見据えた具体的「プロジェクト」を自らの頭で考えて議論すべきであろう。その上で、公共投資の優先順位と選別の議論を始めるべきである。私が、日本経済の再生に向けてのプロジェクト案件としてまず取り上げたいのが「首都圏空港整備」である。

成田空港は開港して二〇年以上が経過したが、反対派住民との合意が形成されず、四〇〇〇メートル滑走路一本で年間一三万回の離着陸をさばいている。近隣のアジア諸国が四〇〇〇メートル滑走路四本規模の国際空港を整備しつつある中で、成田はいかにも見劣りするが、住民の反対運動を無視して拡張工事を始めることもできず、困惑の中で溜め息をついているのが現状である。暫定措置として着工した二五〇〇メートルの平行滑走路が完成しても、一〇年後の国際交流時代の基点空港としての役割を担える展望は開けない。

一九九八年夏、ＵＡ機が成田でタイヤのパンク事故を起こし、半日滑走路が閉鎖されるという事態が発生したが、あの時ロサンゼルス空港にいた私は、成田の発着便が動かないために、世界中の空港に迷惑が及んでいることに愕然とした。誤解してほしくないが、私は「成田拡張を急げ」などと言っているのではない。成田問題の解決に時間がかかるならば、日本の空港整備の総体を柔らかく再構想すべきだといいたいのである。

エンジニアリングの手法を

エンジニアリングというのは、さまざまな要素を組み合わせて問題を解決していく手法である。成田問題という重い現実の前に立ち尽くしているのではなく、日本の空港総体の設計図を書き直すことで問題を解決するエンジニアリングを試みるべきである。まず、基本視点とすべきは、羽田空港の国際化を進めて成田との連携を深めることである。「国際便は成田、国内便は羽田」という枠組みを見直し、羽田からの国際便の離発着を大幅に拡大する。例えば利用者の利便性を考えて、欧米などへの遠距離便は成田を基点とし、アジアやハワイなどの近距離便は羽田を基点とする構想も意味がある。

羽田の国際化のためには、羽田空港の容量を拡大する必要があり、少なくとも三〇〇〇メートル級の滑走路一本の増設が求められる。当然、羽田沖合への滑走路増設には、環境問題や騒音問題に配慮した調整が必要であるが、最近の研究では「滑走路の配置」などを工夫すれば増設がもたらす問題を極小化することは可能だという。

次に、成田と羽田を一体管理するために、成田・羽田を三〇分以内で結ぶ地上系の高速交通システムを整備することである。将来、磁気浮上の高速交通システムなどを使えば一五分で繋ぐことも可能だが、既存の新幹線技術をベースにしても、三〇分以内で繋ぐことは十分に可能である。羽田近くの大井南に新幹線の操車場があり、本気になれば短い期間で「成田―東京―羽田」間の地上交通システムの高速化を実現することは可能である。これが実現できれば、成田と羽田は一つの空港内の異なるターミナルと同様に利用できるわけで、首都圏の交通体系は大いに効率化されるであろう。

ニューヨークには国際便のJFK空港と国内便のラガーディア空港とニュージャージー側のニューアークという三つの拠点空港があるが、「ニューヨーク・ニュージャージー・ポート・オーソリティー」という機関が一体管理しており、空の管制についても「広域空域管理」ということで三つの空港を相互に連携させながら管理している。日本の場合、成田・羽田ともに別々に空域管理しており、そのことが空港整備問題への関連自治体の利害調整を複雑化させている。羽田を国際空港として整備し、成田・羽田の一体管理を実現することが、首都圏在住者としていかに有益か、決断の時である。

羽田の容量を拡大して国際化を進める構想の延長上に、「首都圏第三空港」が議論されるべきであろう。本格的な四〇〇〇メートル滑走路二～三本を備えた国際空港である。二一世紀のＩＴ時代こそ、世界的な「大交流時代」が到来する。日本の出入国者数は、現在の二一〇〇万人（出国一七〇〇万人、入国四〇〇万人）から四二〇〇万人へと二〇年で倍増すると予想される。これをさばくインフラを整備する必要がある。しかも、二〇二〇年代には、超音速航空機がニューヨーク・東京を五時間で結ぶ時代が到来すると思われる。空港と市街地までを繋ぐ地上交通システム整備も視野に入れた総合的な空港基盤が構想されねばならない。

「首都圏第三空港」については、立地や基盤技術をめぐりさまざまな構想が提示されている。東京湾奥から房総半島の外まで立地候補地があるようだし、メガフロートのような新しい工法による空港建設も話題になっている。波及効果と技術可能性についての議論を深めるべきであろう。私見では、すでに一・四兆円もの投資をし、利用者があまりにも少なく苦戦している「アクアライン（東京湾横断道路）」の活用を重視した沖合立地とし、羽田に近接する「アクアライン」の川崎側の入り口から第三空港アクセス回廊（道路とピープル・ムーバー型の交通システム）を設けてアクアラインを有効利用すれば、一石二鳥の展開に持ち込めるのではないかと考える。そうすれば、首都圏第三空港は実体的に羽田との有機的連携の中で稼働させうるであろう。

未来への波及効果

日本の公共投資の配分は、驚くほど固定的に推移してきた。「族議員」といわれる政治家を動員した省庁間の綱引きの帰結だが、過去二〇年間の公共投資は、総額に変化はあっても、配分の比率は見事なほど変化なく固定化している。例えば、九九年度の国の一般会計における公共事業関係費九・四兆円のうち、道路整備二・八兆円、下水道環境衛生一・七兆円、治水治山一・五兆円、農業農村整備一・一兆円で全体の七五％を占めており、この構成は不変の継続性を維持している。

この中で、空港整備についてはわずかな配分でしかない。「航空整備特別会計」の規模は四六七四億円であるが、そのうち純粋一般会計財源からのものは六八九億円であり、財源の八五％は「空港利用税」などの利用者負担となっている。「飛行機に乗るのは金持ちだから、利用者負担でいい」といった古い政策思想がにじみ出ている。このために日本の空港建設には、財政投融資が注入され、巨額の借金を抱えた運営となる。

それは、国際比較において極端に高い「着陸料」をもたらし、成田の着陸料は九五万円と、ソウルの二四万円の四倍近くとなり、空港としての競争力を失わせている。つまり、日本には「空港」を基点とする交通インフラを競争力ある形で整備し、グローバル化時代の経済活性化を図る戦略意思がないということである。

公共投資配分の基軸を再考するならば、何よりも大切なのは「未来への波及効果」であろう。空港整備だけが波及効果のある公共投資だ、と主張しているわけではない。地方空港の中には、展望も戦略もなく「空港整備」だけが先行し、みじめなまでに空洞化している事例もある。それゆえに、空港整備にも日本全体の旅客・貨物の動線分析、波及効果予測をした軽重判断が求められる。その中で、首都圏空港整備が検討されるべきであろう。

問われるのはエンジニアリング力である。新しいプロジェクト・ファイナンスの手法としてのＰＦＩ（プライベート・ファイナンス・イニシアチブ）などを活用し、公共投資を増やさず、民間主導で公共的プロジェクトを進める方策も世界では軌道に乗り始めている。つまり、知恵を絞って経済活性化のためのプラットフォームを構想する気迫が問われているのである。

(2)創造的首都機能移転

私は首都機能移転に関して、二〇年以上も議論に参加してきたことになる。日本開発銀行（現・日本政策投資銀行）の研究者たちと「首都移転研究会」を続けていたのは、一九八〇年代の初めであった。その後、八七年からニューヨークとワシントンに一〇年間も住むという経験をし、経済の中心としての機能を持ったニューヨークと、政治の中心としての機能を持ったワシントンが分離されているシステムが持つ可能性と問題を深く考えさせられた。そうしたことも背景にあって、衆議院の国会等移転特別委員会で、二度も参考意見を述べる機会を得た。また、この数年は国土庁（現・国土交通省）の「ＩＴ（情報技術）を活用した首都機能都市の在り方に関する検討会」や社会経済生産性本部の「首都機能移転研究会」の委員として活動してきた。また、新たな問題意識を持って世界各地の都市開発の現場を見たり、阪神・淡路大震災の悲劇とその再建を目撃するという体験を通じ、改めて首都機能移転構想の重要性と具体化に向けての構想の進化の必要性を実感してきた。

現在、首都機能移転に関する動きは、紆余曲折を経て混迷していると言わざるをえない。一九九〇年一一月に国会開設一〇〇年を機に衆参両院で国会等の移転に関する決議がなされ、翌年八月に国会等移転特別委員会が設置された。九六年の一二月には国会等移転審議会が発足し、九九年一二月には審議会の答申がなされ、移転先候補地として「栃木・福島地域」「岐阜・愛知地域」が選定され、条件付きという形で「三重・畿央地域」も候補地として残った。二〇〇〇年五月には、衆議院の国会等移転特別委員会で「二年後をめどに候補地を一カ所に絞り込む」ことを決議、今日に至るというのが大まかな経緯である。

こうした動きに対し、東京都知事となった石原慎太郎氏が移転そのものに正面から反対し、東京商工会議所なども反対を表明、「どこに移転か」という以前に、移転そのものに対する疑問が投げかけられた。客観情勢は、とても首都機能移転への国民的関心が盛り上がっているとはいえず、むしろ反対論の攻勢の中で「醒めたムード」というのが現実なのである。今後の展開としては、最終移転候補地の答申が行われた時は、「国民の合意形成の状況、社会経済情勢の諸事情に配慮し、東京都との比較考量を通じて、移転について検討」（移転法第二二条）となっており、「移転を決定する場合には、答申の国会への報告を踏まえ、移転先について別に法律で定める」（移転法第二三条）ということである。つまり、首都機能移転などせず東京に首都機能を残すという考えとの決定的な議論が待ち構えているということであり、この国の将来のために堂々たる論戦がなされるべきだと思う。

そうした論議に向けて、改めて私の視点と主張を整理しておきたい。すでに本書においても、Ⅱ部の「危機の本質と日本再生戦略」の中で、「壮大な実験としての『高付加価値型新首都建設』」を内需主導型国家を目指す実験プロジェクトの事例として提示した。しかしこの点に関し、的確に補足説明をしなければならないことがある。首都機能移転に関する地方での会合に参加して受ける印象は、その種の会合に積極的に参加している人たちの多くが建設土木業界に所属しており、首都機能移転を大型公共投資としてだけ認識し、「自分たちにとっておいしい話だ」と了解していることである。もし、首都機能移転を景気浮上のための公共投資として期待するのであれば、我々はその種の議論こそ最も回避しなければならない。

現時点での国土交通省の構想をみても、移転費用一二兆円のうち建設開始から約一〇年間に予想される公共投資は二兆円強で、年平均で二〇〇〇億円程度である。決して小さな数字ではないが、景気浮揚のために配った「地域振興券」に七〇〇〇億円を使った国である。公共投資の目玉プロジェクトとして首都機能移転を期待するならば、肩透かしとなるだろうし、そのような矮小な意図でこのプロジェクトを議論すべきではない。

私が主張したいのは、もしこのプロジェクトを日本の二一世紀の在り方を探求するプラットフォームとして位置付け、知恵を絞って付加価値を高めていくならば、このプロジェクトが創造的な国造りへの基軸となり、日本再生への契機となる可能性を孕んでいるということである。いかなる視点で首都機能移転事業の付加価値を高めるかについて、本書の前掲論文（『中央公論』一九九九年二月号）において、私は五つの視点を強調した。「①住環境と情報インフラ整備の中核事業、②環境保全型実験都市、③文化性重視の新首都、④国際中核都市としての新首都、⑤政治と経済の分離メリットの探求」であった。その後の経緯を踏まえ、いくつかの論点を補足しておきたい。

第一に、首都機能移転の重心に置くべき総合テーマとしての「グローバル化への対応」についてである。古来、首都移転には暗黙の総合テーマが存在してきた。七九四年の平安遷都には、奈良仏教の政治介入と専横に対する政治の復権という意図があったという。一八六八年の東京遷都は、明治維新を経て当初「大阪遷都論」が有力であったのを、蝦夷（北海道）を含む国土全体の開発を視界に入れた一〇〇年の計を腹に大久保利通が主導して決定したという。

今日、日本が目配りすべきテーマは「グローバル化」である。別の表現をすれば、「国際競争力のある首都」の必要性ということである。東京は、一極集中の過密の弊害ゆえに国際中核都市としての魅力を急速に失いつつある。地価の高さに関連した物価高、生活環境の劣化などは、現在の東京への入口集中を前提としては解決しようにも限界がある。新首都に世界の国際中核都市に伍していける魅力を付与すること、そして東京に「ゆとり」

を復活させ、再活性化の機会とすること、これは日本の国土利用にとって不可欠の試みである。このプロジェクトを通じて「日本がどんな国造りを目指すのか」を世界に発信することさえできるであろう。

私は、新首都に国連のアジア太平洋本部などの国際機関を誘致して、情報密度の高い風格ある国際都市を創造し、世界中からの知的な訪問者を引き寄せる装置を構想すべしと主張してきた。アジア太平洋の時代の情報が集積した中核都市となりうる新首都を作り出すべく、新首都建設のプロセスに、諸外国の企業や専門家を公正に参画させ、その活力を吸収する開かれたアプローチが大切となろう。

第二は「総合安全保障への配慮」である。阪神・淡路大震災の教訓を真剣に生かすためにも、高度な災害対応能力を持った新首都建設を進めるべきである。首都機能分散によるリスク軽減という点だけでなく、都市計画から個々の建造物まで、広く世界の事例を研究し、安全を高めるための最先端の技術とシステムを投入すべきであろう。また地震などの大規模災害を想定し、情報通信・交通のシステムや行政機能をいかに効果的に維持するか、国家危機管理の総合シナリオの一環として首都移転が進められるべきことは論を待たない。

また、単純な消費都市を一つ増やす発想ではなく、エネルギーや食料の需給に関し、「省資源・リサイクル」をキーワードとする新しい発想を導入する。例えば、エネルギー供給の何割かを太陽光などの再生可能エネルギーで賄うなどの試みをすることで、総合安全保障へ配慮した未来実験都市としての挑戦をしてみるべきであろう。

さらに、ＩＴ革命がキーワードとなる時代を見据え、情報基盤インフラの安全保障という視点を重視すべきであろう。調べてみて驚くのは、インターネットの基盤インフラである「インターネット・エクスチェンジ」(Ⅸ)が、日本においては極端に東京・大手町に集中していることである。それだけインターネットを使った大量の情報交流のニーズが、東京の特定地域に集中していることの証でもあるが、「情報の安全保障」という視点から極めて危険かつ脆弱なことは間違いない。情報インフラの戦略的分散化は、ＩＴ時代だからこそ大切な視点となる。

第三に「文化性の重視」について。ワシントンにおけるスミソニアン博物館群の活動やパリ再開発、さらには東西ドイツの統合後のベルリンにおける新首都建設などを注視すると、いかに文化性の高い企画が都市造りの中核に据えられているかに感動させられる。政治首都を分離独立させるというと、政治のプロだけが闊歩する無味乾燥な街の登場がイメージされかねない。だからこそ、音楽・美術・芸能・スポーツ・歴史などの文化的付加価値を深める施設が必要である。しかも、例えばワシントンの場合、それらの運営を支えて驚くべき数のＮＰＯやボランティアの人たちが、文化のために汗を流しているのである。

つまり、市民参画型で高い文化性が維持されているのである。

「器」や「ハード」の設計・建設から、博物館・美術館・音楽ホールなどの運営ソフトに至るまで、首都機能移転を「才能ある若者」や「元気な女性」を参画させる機会とすべきである。新首都は人間の顔をした有機的都市であるべきで、官公庁の建物と公務員住宅だけの街であってはならない。レストランから飲み屋、ショッピング街まで、柔軟で創造的な企画が展開できる「場」を提供すべきである。若者や女性のように生活感のある人たちが参画し、人間の顔をした魅力ある都市空間を構想し、実現することが大切であろう。私見では、若者と女性を二〇〇〇人、新首都機能都市の企画組織に公募・採用し、縦横に働いてもらうシステムを準備すれば、首都機能移転への社会的関心は一気に高まると思う。

第四に、日本が劣勢にある「住環境および情報インフラの整備」について。首都機能を移転しても、現在の規格と発想で公務員住宅を建設するだけでは、二一世紀における住宅問題解決のステップとはならない。五階建てでエレベーターもなく、冷暖房・給湯も屋内駐車場もないような住宅に、日本の公務員は二一世紀も住み続けるのであろうか。そのことは、平均的所得の日本人が今後いかなる生活環境を生きるのかの「夢」に関わる問題なのである。

前掲の論文でも述べたごとく、思い切って一戸当たりのスペースを倍増し、設備も充実した未来住宅のモデルとなるような公務員住宅を新首都に建設すべきである。そして、残された東京の公務員住宅の土地を再開発し、同じく充実した公営住宅・分譲住宅として一般市民に提供し、日本人の住環境を改善していく起爆剤としていくべきである。昨今、「消費が出ない」ことが、日本経済の問題点として語られることが多いが、実は「スペース制約」という問題が横たわっているのである。つまり、東京の住環境を前提にすれば、モノを買いたくても家が狭くて置くスペースがないのである。持ち家を持ち、住環境が整備されれば、「ホーム・インプルーブメント（住環境改善）」に関心が高まり、人間はハードもソフトも消費したくなる。

また、IT革命の時代だからこそ、大量の情報を集約して戦略的に活用する仕組みについての構想が求められることに気付かねばならない。情報ハイウエーといわれる情報通信網を整備したり、情報ネットワークのインフラを構築することも重要であるが、新首都には世界に誇りうるような情報集積力と分析力・政策企画力を持った政策シンクタンクを育てるべきである。政治首都を支える多様な情報機関、例えば、アジア太平洋問題を研究する、政府から独立した中立系シンクタンクなくして、これからの日本外交の議論が深まるとは思えない。それ故に、前述の「国際中核都市構想」を探求する国際機関誘致も意味を持ってくるのである。政策シンクタンク活動の外延に国際機関などが多様に存在することは、情報の質量を高める上で重要である。

第五に「政治と経済の適切な距離の実現」について。これまで、永田町も霞が関も丸の内も、歩けば歩けるような至近距離にあることによって、意思疎通が容易で便利とされてきた。しかし、それが政治と経済の異様なまでの相互依存を深め、過剰な「もたれあい構造」をもたらす一つの要因となってきたことに、気づかなければならない。

ニューヨークとワシントンに生活してきた者の実感としては、ニューヨークとワシントンが約四〇〇キロ離れていることは、その効用として経済人の自立心を高め、政治と経済の知的緊張関係をもたらすと思われる。物理的・時間的に常時もたれ合ってはいられないからである。ニューヨークでビジネスに従事していた時代、商務省や運輸省、農務省を何度となく訪れたが、往復のシャトル便の中での一時間が、話の筋道を組み立てる上で貴重だったという思い出がある。また、この距離を埋め合わせようとする努力の中から、通信・交通系の新しいプロジェクトが創造されてくることも効用といえるであろう。ニューヨークとワシントンを効率的に繋ぐというニーズから、通信・交通系の新しい事業創造の実験が試みられることが多いのである。

総じて、首都機能移転は、日本の社会総体の変革の具体的プラットフォームとして位置づけられるべきなのである。これによって、二一世紀の日本がどのような国造りをしようとしているのか、国際社会に鮮明なメッセージを発信できるようなマクロエンジニアリング構想として展開すべきである。

国土交通省の基本計画では、とりあえず第一段階として人口約五六万人、八五〇〇ヘクタールの国会都市の建設を構想しているが、将来的には、その数倍の規模に拡大されるものと予想される。国民参画型の仕組みを多様に実現し、総合的かつ創造的なプラン作りを進めるべきであろう。

余談としての夢にすぎないが、例えば、新首都におけるホテル施設にしても、スペインの天才建築家ガウディが、今世紀初めに設計しながら、あまりの雄大な構想だったために挫折した「ニューヨーク大ホテル計画」のごときものを実現し、世界の度肝を抜くのも面白いのではないか。誇大妄想は避けねばならないが、気宇壮大な夢を実現する意思は大切である。人類を進歩させてきたのは、間違いなくそうした意思だったのだから。戦後五〇年蓄積してきたはずの日本人の英知、技術、資金が、首都移転を成功裏に展開するために求められている。我々は未来に何を残すのか、真剣に問い掛けてみたい。

2　社会工学（ソーシャル・エンジニアリング）試論

二一世紀の日本にとって、事業やプロジェクトのエンジニアリングだけでなく、社会工学（ソーシャル・エンジニアリング）が大切になることを、再度論及しておきたい。社会工学とは、柔らかい発想を持って社会的課題に解答を与えることであり、実は日本の政策論は「社会工学的アプローチ」に欠けるというのが、欧米社会の実情を見て常に痛感することである。

改めてＮＰＯについて

本書においても、これからの日本にとっての「新しい公共（パブリック）」という概念の重要性と関連し、国民（市民）が主体的に社会的課題に取り組むＮＰＯの役割について言及してきた。このＮＰＯこそ、「社会工学」の領域における大切なテーマなのである。

米国においては、約一二〇万団体のＮＰＯが活動し、約一〇〇〇万人が参画しているという。ＮＰＯへの参画者はボランティアとは異なり、例えば保健・医療・福祉とか環境保全、地域文化活動、教育活動など社会的仕事に参画することで生計を立てているということである。こういう非営利団体の活動が層厚く存在することの効用として、無味乾燥な競争主義・市場主義が吹き荒れ、ＩＴ革命の浸透によって労働の中身が無機化している米国社会に安定をもたらしていることに気付かねばならない。

整理していえば、ＮＰＯには三つの社会工学的意義がある。一つは、言うまでもなく雇用を生み出し失業率を押し下げていることである。米国において、一〇〇〇万人の人がＮＰＯ活動に従事して少なくとも「飯が食える」ということは意義のあることである。日本人は、お金を貰って生活を立てながら公共的仕事に従事するよりも「ボランティア」のように無償で社会貢献に参画するほうが「崇高」と考えがちであるが、それは必ずしも正しくない。ＮＰＯの活動にお金を貰って参画することには、それに見合う責任が伴う。したがって、社会システムとしての責任性と継続性の維持という意味でも、ＮＰＯには意義があるのである。失業者を減らし、社会参画させることは社会の安定にとって重大である。

二つめの意義は、社会政策のコストを引き下げることである。社会の安定のために各種の社会政策を展開しようとしても必ずコストがかかる。例えば、福祉を充実させるために福祉予算を積み上げても、福祉の現場で際限なくコストがかかればその負担は財政を逼迫させるだけでなく、国民の税負担を重くしていく。「誰が寝たきり老人を介護するのか」というテーマに解答を見出さない限り、介護にかかるコストは増大していくのである。そこでNPOのような仕組みへの参画を通じ、多くの人が現場を支えるということは、結果として社会政策のコストを押し下げ、国民経済の競争力を押し上げているのである。「綱引きヒモを長くして皆でひっぱる」ことが大切なのである。

三つめのNPOの意義は、働く意義の創造である。人間は無味乾燥な仕事に時間を切り売りして収入さえ得られればよいというものではない。やはり地域社会においても尊敬され、家族からも敬愛され、何よりも自分自身が「自分は社会的に役に立つ仕事をしているのだ」という誇りを持ちうるものでなくてはならない。その意味で、NPOは「働く意義のある仕事」を提供するプラットフォームなのである。

最近ニューヨークから訪ねて来た米国人の旧友が、面白い話をしていった。彼はPHDを持つ高学歴者であるが、アフリカの農業援助を主眼とするNPOで情熱を傾け働いている。彼の話によれば、最近ウォールストリートの金融会社と有名コンサルティング会社から二人のMBA取得者が彼の所属するNPOに就職してきたという。収入は極端に減るが、

「金儲け」だけの世界から脱皮して、社会的に意味のあるNPOの仕事に参加したかったということらしい。米国も少しは変わっているようである。マネーゲームだけに血道をあげることから正気を取り戻しているともいえる。

遅れていた日本でも、一九九八年の一二月にNPO法が施行され、NPOとして認証される法人も次第に増加している。ちなみに二〇〇一年二月現在、三三七三団体である。これは一年前に比べ、一五〇〇団体以上も増加したことも意味する。今後、NPOへの寄付についての税額控除などが拡充され、NPO活動の財務基盤が充実されれば、より大きな活動成果が期待できるであろう。

いうまでもないが、NPOだけが社会工学のテーマではない。さまざまな社会的課題を多様な視点、要素を注入して柔軟に解決していくアプローチが社会工学であり、例えば学校教育の荒廃という課題に対し、定年退職後の高齢者を教壇に再リクルートし、それぞれの体験を「社会的価値」として後代に伝承することなどのシステム化も、一つの社会工学的アイデアだといえる。高齢化社会における老人の社会参加というテーマと、核家族化する家庭を前提にした学校教育における社会的価値の伝承というテーマを、同時解決する試行だからである。社会の安定と進歩のために、世界中が社会工学的知恵を絞っている。我々が無為無策でいていいはずがない。

私自身にとってのNPO

「一人一つのNPO」、すなわち社会人であるならば、何らかの形でそれぞれの立場で関与しやすいNPOに関わるべし、というのが私の提案である。自分が関心を持ちうるNPOを選別し、資金援助でも労力提供でも、あるいは本格的活動への参画でも、自分にできることから気負わずに参画することを勧めたい。

私自身、現在二つのNPO活動に関心を抱き、縁を持っている。一つは「知的生産の技術研究会」である。この会との縁は二〇年近くにも遡るが、会員数約六〇〇人を超す日本でも最大級の異業種・異職種交流の研究会で、情報の生産と保存に関する研究での実績を誇る団体である。梅棹忠夫氏を特別顧問に、理事長の八木哲郎氏や久恒啓一・宮城大学教授が長年にわたる苦労で育て上げてきた団体である。私も顧問として参加しているが、単なる情報整理技術の勉強会を超えて、知的向上心の強いサラリーマンに相互啓発の機会を提供しているのみならず、蓄積した知的生産の技術を公教育に活用する実践活動を展開しようとしている。今年度からは、正式に特定非営利活動法人として認証された。

二つは「国際社会貢献センター」である。これは私が仕事をしてきた「商社」の業界団体である日本貿易会が作り、私自身も提案者の一人として理事をしているNPOである。業界団体NPOの先行モデルであり、二〇〇〇年四月から活動を開始、正式の特定非営利活動法人として認証されたところである。活動目的は「アジア等へのＯＤＡ専門家派遣などの国際交流・支援」「日本国内で国際貢献活動」「外国企業の日本での活動支援」などであるが、狙いは経験を積んだ商社マンのＯＢに対し、定年後の第二の人生において「例え給与は少なくとも社会的に役に立つ仕事がしたい」という人に受け皿を提供することにある。日本貿易会の池上久雄常務理事を代表に、三菱商事から出向した宮内雅史氏を事務局長として積極的な活動を展開しており、すでに八五〇人の商社マンＯＢが登録したという。私見では、業界団体も単に業界の利害を代弁する活動を展開するだけでなく、業界が育てた人材を広い視野から社会的に活用する受け皿となる努力が求められていると考える。

残念ながら多忙に紛れ、積極的にＮＰＯ活動に貢献しているとはいえぬが、それでも息長く参画していきたいと思っている。これらの活動に関わることによって見えてくる世界があるからである。何よりも、それは職域だけの人間関係から視野を広げる契機となる。世の中にはさまざまなことに悩みながら懸命に生きている人がいることを知るだけでも、人間の生き方は変わってくる。今日、新資本主義の潮流の中で見失われがちな「公共」という概念の復権に向けて、市民参加型の構想の重要性が語られる機会が増えてきたが、「一人一つのＮＰＯ活動への踏み込み」が、社会基盤の安定にとっていかに大切なものか、再論の要もない。

とりわけ、戦後の日本社会は、民主化を通じた自己主張の体得と、経済的再建・繁栄だけに専心してきた半世紀を通じ、世界でも珍しい「私生活主義」と「拝金主義」が蔓延する社会を作り上げてきた。私自身、所謂「団塊の世代」として戦後的状況をたっぷりと吸収して育ってきた世代であるが、自らの子供たちの世代である「荒れる一七歳」の問題を直視していると、戦後なるものが作り出してきたものに深い反省を込めて、この本でも繰り返し言及した「新しい公共」の構築に対する責任を感ぜざるをえない。大人が国権主義的な権威の押し付けとして「公」を語るのではなく、責任ある社会の構成員として「公共の課題に汗を流す」姿こそ、いかなる大人になるべきかを示す最も説得力ある教育なのである。

Ⅳ部　総　括——二一世紀・ネットワーク共同体に可能性はあるか

我々の二一世紀予測は当たったのか

世紀を超えた。ついに二一世紀を迎え、本書の取り纏めの文章に向かっている。改めて思い出すことがある。今から二五年前、社会人としての生活を始めた直後の二〇歳代の後半、「二〇〇〇年プロジェクト」という研究プロジェクトに参加したことがあった。正確にいえば、日本経済研究センターがＮＩＲＡ（総合研究開発機構）から受託した「二〇〇〇年のエネルギー需給分析の基礎となる社会経済フレームワークの研究」であった。本来はエネルギーという限られた領域の研究作業であったはずだが、研究主査をしていた室田泰弘氏の見識というべきか、多様な領域の若い参画者によって総合的な未来社会展望作業に挑戦することになった。私は、当時の関心領域もあって「日本の政治展望」を担当する形で参加させてもらったが、戦前・戦後を生き抜いた多くの先輩たちからのヒアリングや九州の天草や湯布院まで出向いての「地域主義運動」主唱者との討議など、その後の視界を広げる上で大きな勉強の機会となった。大手町の日本経済新聞社の本社ビルで、月に二、三回行われた研究会に参加するのが楽しみだった。

研究作業の成果は、一九七六年九月の最終報告書となって残っているが、報告書では表せない様々な「熱い討議」が記憶に残っている。あの時の我々の二一世紀展望はどこまで当たったのか。タイムカプセルを開く思いで、じっくりと読み返してみた。報告書では単なる現状延長型の未来展望ではなく、三つのオプション、つまり日本が採りうる選択肢を提示していた。一に西洋周辺型（現状延長、西洋路線の模倣シナリオ）、二に中国周辺型（中国が「社会主義的市場経済」路線に転ずる以前の状況下にあって、中国型「人民民主主義」に立つ政治体制、農工調和型の計画経済を目指すシナリオ）、三に創造型（西洋、中国文明の影響下にありながら独自な文化を創出し、世界文化の創造の一大拠点となるシナリオ）という選択肢だった。

もちろん、若き我々は創造型シナリオを選択すべき道としていた。その前提として「日本民族の永続性」「不条理の極小化（消極的自由の実現）」「創造性の重視（積極的自由の実現）」「市民的自由の確保」という四つの価値を目指すことを提示していた。そして、創造型社会の骨格は「①地域主義の再生（中央集権から地方分権へ）、②エントロピー・ミニマム型の技術、産業構造の実現、③南北問題の解決、④政治変動をテコにした民主主義の回生」とされていた。総じて、「あるべき社会」を総合的に模索してみようという試みとして意味のあるものであったと思う。あの時点では、なお冷戦の時代にあり、「イデオロギーの対立」が我々の思考の軸を規定しがちだった。その中で、イデオロギーに対して批判的に距離をとり、創造型社会を探求しようとする研究は新鮮だった。この研究作業を通じて「あるべき社会」に向けての価値の問題について大いに啓発された。本書における「正義の経済学」などという問題意識も、この時の議論が埋め込まれたことに由来する執拗低音なのかもしれない。

残念ながら、その後の日本は「創造型シナリオ」を実現することなく「西洋周辺型シナリオ」を継続させてきた。その行きついた所が、一九八〇年代の「バブル」だったともいえる。七五年に粗鋼生産でアメリカを抜いた日本は、自動車の生産台数でも八〇年代末には米国と肩を並べるに至った。到達感が陶酔感となって進路目標を失わせた。その瞬間に、世界では「冷戦の終焉」という事態が発生し、あらゆるパラダイムが転換され始めた。冷戦期型の固定観念に深くはまり込んだ日本は、そこからの脱却が構想できなかった。

「失われた一〇年」といわれる一九九〇年代以降の日本の閉塞状況が、その帰結であることは再言の要もあるまい。そして、「IT革命」と「グローバル化」が掛け合わさった究極の西洋周辺型シナリオともいうべき「アメリカを発信源とする新資本主義」の潮流に翻弄されているというのが現状である。そして、この時代潮流が「IT技術で武装された金融資本主義」によって特色付けられることによって、肥大化した金融に脅かされるという不安を内在させていることは、この本に収録した論文において再三にわたり論及してきた。普遍性を持って立ちはだかっているかにみえる米国流の市場主義・競争主義を冷静に相対化させ、日本にとっての的確な二一世紀シナリオを選択する知的営為、この本を貫くテーマはこの一点に尽きる。つまり、二五年前に積み残した「創造型シナリオの探求」というテーマを、今なお追い求めているということである。

ところで、二五年前の日経センター報告において私自身が担当した「二〇〇〇年の日本の政治展望」は当たったのであろうか。もちろん、ソ連の崩壊や冷戦の終焉を的確に予見していたとはいえない。しかし、読み返してみて若干胸を張れるのは、「保革対立」といわれていた時代に、保革対立のメルクマール（争点）が融解し、対立軸の見えない政治状況に至ることを予見していたことである。また「一九八五年までに自民党単独政権が崩壊」し、「長期間にわたる短命内閣の交替」を予見し、「混迷の中から突然の挙国一致主義の復活」の可能性に言及していたことも、今日的に考えても頷ける点である。現実には、一九九二年の宮沢内閣崩壊まで自民単独政権はもったわけだが、その後の政治セクターの究極的混迷は、合従連衡による七つの内閣の交替となって展開されている。政治の表層構造の混迷の中で、次第に政治の質や政策の中身が均質化していくという私の論点は、『中央公論』一九七八年七月号への論文「中道型統合の無気味な性格」として活字になっているが、今日でも決して風化した視点とは思わない。

ともあれ、二五年前の我々の二一世紀予測は、その後の歴史の奔流の中で「現実が理論を超える」ことを思い知らされたと総括されねばならないだろう。特に、現実世界においては主体的意思を持って「あるべきシナリオ」を実現していくことの難しさを痛感させられたといわねばならない。しかし、それでもなお歴史を筋道を立てて創造していくことの大切さを思わずにはおれない。歴史はまったく無原則に移ろっているとは思えない。場当たり的に状況に身を任せていればよいというものでもない。たとえ匍匐《ほふく》前進であっても、あるべき進路への選択の意思を持ち続けることを見失いたくない。

二〇世紀における「社会主義」とは何だったのか

資本主義の世界史の中で、冷静に二〇世紀の社会主義を位置付けるべき時がきた。冷戦の終焉といわれた一九九〇年代初頭まで、ポスト資本主義の次なる経済体制において、「社会主義」は希望としての一定の光を残していた。さまざまな捉え方はあるが、社会主義が二〇世紀の青年の心を捉えた理由は、それが荒廃する資本主義に対する共同体の復権運動という性格を内包していたからであった。もちろん、ここでいう共同体とは「階級共同体」であった。

マックス・ウェーバーの『プロテスタンティズムの倫理と資本主義の精神』を持ち出す

までもなく、資本主義の草創期を支えたのは、節制・勤勉・自己抑制に満ちた資本家たちの事業に対する真摯な情熱であった。これは、米国の産業化を支えた事業経営者や日本の資本主義の創成期を担った多くの企業グループの創業者にも共通したものであり、そこには「利潤だけを追求する強欲な資本家」という姿はみえない。にもかかわらず、資本主義の進化とともに、そこには腐臭がただよい始めた。マルクスが一八世紀の後半の英国で目撃したものは、働く階級の惨めな姿であり、不条理な収奪のメカニズムであった。その怒りが「万国の労働者よ団結せよ」という階級連帯の思想へと収斂し、それは燎原の火のように欧州に燃え広がっていった。その意味において、社会主義は資本主義に抑圧された階級による共同体の構築運動であった。

私は拙著『一九〇〇年への旅』（新潮社、二〇〇〇年）において、K・マルクスを追ったが、彼がロンドンでの三〇年以上の亡命生活を送った住居を訪ね歩きながら、彼の筆舌に尽くしがたい困窮生活と、彼が目撃したビクトリア期の英国の貧富の格差に思いを馳せたものである。その中から一八六七年に『資本論』が生まれ、それを教典とする社会観が、二〇世紀を悩ませ続けることとなった。私自身も学生時代に「資本主義の矛盾の深化によって必然的に社会主義社会が到来する」という「社会主義必然論」に衝撃を受けた記憶がある。つまり、資本主義の発展は「独占資本」と「鉄鎖以外に失うもののない搾取された労働階級」を生み出し、この労働階級の覚醒と連帯によって必然的にブルジョア支配は打倒され、「階級と私有財産制のないプロレタリアート支配の社会」が実現されるという未来展望は、二〇世紀の多くの青年の心を揺さぶるものであった。しかし、階級共同体の幻想は、二〇世紀の終わりを待つことなく脆くも砕け散った。

一九一八年六月、M・ウェーバーはウィーンでオーストリア将校団を前に「社会主義」と題する有名な講演を行った。この中でウェーバーは、社会主義が歪んだ官僚制国家（プロレタリアート独裁）に陥る歴史的宿命を有することを鋭く喝破している。一九一七年のロシア革命の直後であり、革命によるマルクス理論の実践に欧州中が興奮していた時代に、「支配の社会学」という視点から、階級矛盾を克服したとされる政治体制においても「支配と被支配の関係」が生じ、結局は新しい矛盾に直面するであろうことを見抜いていたということである。また、ウェーバーは、産業化の過程での労働者の生活状態の改善や向上を予見して「窮乏化論」を否定し、ホワイトカラー・中間層の増大を見通すことで「階級分化論」を否定するなど、資本主義の改善・修正の可能性を示唆した。つまり、資本主義の矛盾の深化が必然的に社会主義革命をもたらし、問題を解決するというような単純なものではないことを的確に指摘していたのである。

レーニンは「社会主義とは電化とソビエト権力である」と明言したが、上からの工業化

＝近代化を強引に推進したソ連邦が、官僚主義と統制による非効率と「隷属と強制」に対する国民の反発によって自壊していくことによって、社会主義は二〇世紀末には急速に色あせていった。資本主義の勝利というよりも、あくまでも社会主義圏といわれた地域の自己崩壊というべきものであったが、二〇世紀を通じての資本主義内部での自己変革と修正の努力も否定できない。例えば、社会主義陣営からの資本主義批判を受けとめながら、日本でも一九七〇年代には、「シビル・ミニマム」（市民生活の必要条件）などという議論が盛んになされ「①社会保障（年金、保険）②社会資本（市民施設）③社会保健（環境保全）」などの充実が主張されていた。そして、決して十分とはいえぬが、かなりの程度のシビル・ミニマムが充足されてきたことも確かである。少なくとも、緊張感を持って体制の修正を進める議論がなされていた。しかしながら、社会主義という体制選択の対抗勢力を失って以降の世紀末の資本主義は、次第に緊張感を失い、驕りと荒廃の中に迷い込んでいったといえる。

米国の経済思想史家ロバート・L・ハイルブローナーは、冷戦終焉直後の一九九三年に『二一世紀の資本主義』（ダイヤモンド社）を出し、単純な資本主義勝利論や市場至上主義を退け、二一世紀の社会秩序を志向する中から「振り子が再び計画化に振れる」新しい社会主義の時代を展望していた。「社会主義の終焉」が世界の常識とされていた時点でのハイルブローナーの視点には違和感を覚えたものだが、その後の世紀末に向けての新資本主義なるものの状況を目撃した今、「社会主義は終わった」と単純に言い切れない問題意識が高まってくる。「社会システムの公正な制御」は不変のテーマであることに気づかざるをえない。

一九〇九年にオーストリアのウィーンで生まれ、ナチスの迫害を逃れて渡米した体験を持ち、二〇世紀とともに生き抜き、今日も九二歳で確かな発言を続けているP・F・ドラッカーは一九九三年に『ポスト資本主義社会』（ダイヤモンド社）を書き、資本主義社会の変質の方向を「知識社会への移行」という持論で説明している。「現実に支配力を持つ資源、最終決定を下しうる生産要素は、今日、資本でも、土地でも、労働でもない。それは、知識（ナレッジ）だということである。ポスト資本主義社会における支配的な階級は、資本家やプロレタリアートに代わって、『知識労働者』と『サービス労働者』である」とドラッカーは述べる。

また、ドラッカーは「個人株主ではなく年金基金が米国の大企業の株式資本の過半を保有する状況」を踏まえ、アメリカの資本主義が実体的には「新種の資本家たる顔のない無名の有給従業員（サラリーマン）、年金基金に働く投資アナリストや、ポートフォリオ・マネージャーによって管理されている」構図を描きだしている。「知識労働者」の典型としての投資アナリストやポートフォリオ・マネージャーが実体的に経済社会を動かす存在になりつつある傾向を「事実として受け止める」だけであるべき状況への価値判断をしないところがトレンド予測学者たるドラッカーのドラッカーたる所以であり、若干の不満は残るが、アメリカ経済の新局面を的確に摘出していることは確かである。

先記のハイルブローナーは二一世紀の資本主義の課題として、国境を超えた企業活動がもたらす「政治的主権と経済的自由の境界の不分明」を指摘していたが、ドラッカーは「ポスト資本主義」の問題として、国民国家の限界、巨大国家の機能不全を認識しながらも、「西洋化された世界としてのグローバルな世界」への楽観を隠さず、知識社会の主役たる「教育ある人間」の地球市民としての自覚と参画（市民性回復）に期待することで未来を展望している。

レスター・サローＭＩＴ教授の『資本主義の未来』（一九九六年）も、社会主義という競争者を失った瞬間、資本主義の地殻変動が起こり、変容を迫られているとの認識に立ち、内部変革を迫る論調であるが、「平衡断絶」の時代の到来という問題の指摘は的確でも、新しい時代への「変革」の方向は、結局はグローバルな市場主義へのバランスの良い対応ということであり、本書で議論してきた新資本主義の矛盾や課題に解答を与えるものではない。サローも「不満と行き場のない怒りが、あらゆるところで高まっている」ことを感じ取り、「上流階級にとっては『満足の時代』、中産階級と下層階級にとっては『期待逓減の時代』という状況が続く」と分析する。そして、あるべき経済社会へのキーワードとして「消費のイデオロギーから建設のイデオロギーへ」を提示し、新しい産業を築くことへの積極的挑戦の重要性を語る。もちろん、それが資本主義の活性化への不変の原点なのだが、それだけで現代の不条理は解決しそうもない。

新資本主義が抱える問題は、「いかにして新しい付加価値を創造するか」というテーマとともに、「いかに適正に付加価値を配分するか」というテーマである。「冷戦終焉＝社会主義崩壊」と認識した新資本主義者たちは「市場」だけを唯一の配分基準としてきた。その中でためらうことなきマネーゲームへの狂奔が進行し、ファンドマネージャーや金融アナリストやファイナンシャルプランナーなどのそれまで聞きなれない一群の職種が闊歩し始めた。そういう時代をいかに制御し、「あるべき社会」を志向するのか、いまこの瞬間こそ、筋道立った思索による産業観・経済観が問われているのである。

改めて「欧州の実験」とは

欧州は、「社会主義の余韻」を引きずりながら世紀を超えた。EU加盟一五カ国の内、実に一一の国において、かつて社会主義政党といわれた政党が政権に参加しているのである。英国はブレア首相率いる労働党政権、フランスはジョスパン首相のもとでの左翼連合政権、ドイツはシュレーダー首相を支えるＳＰＤ（社会民主党）と緑の党の連立政権であり、いわゆる「ユーロ社民主義」の根強さを際立たせている。表層な歴史観察だけの人からすれば「一九世紀の亡霊」としか思えない「社会主義」の残り火が、欧州において今なお灯り続けていることは奇異なことである。

欧州では一体何が起こっているのか。この本でも何度か言及したが、約言すれば、欧州は米国流資本主義、すなわち競争と市場を至上の価値とする資本主義と一線を画すことを模索しながら、悩みつつ新世紀を迎えたのである。このことは英国を例にすれば分かりやすい。一九七九年にサッチャー政権が成立し、「強くて小さな政府」を標榜するサッチャー革命がスタートした。サッチャー革命とは、イギリス経済に米国流の競争主義・市場主義を導入して活力を取り戻そうというもので、「国有企業の民営化、規制緩和、労組活動の制限、行政の効率化」を柱として推進された。そして、サッチャーが行った規制緩和、市場主義の導入は「ビッグバン」として一定以上の成果を挙げ、英国経済の活性化をもたらした。しかしながら、英国国民は一八年続いたサッチャーの保守党の路線に対して「ノー」といいブレアの労働党を選んだ。ブレアが掲げた「第三の道」は社会主義の復活を目指すものではない。「ブレアはサッチャーの息子」という表現があるごとく、サッチャーの市場主義路線を継承しつつ、行き過ぎた市場経済化を社会政策によってバランスをとろうというものである。つまり、市場主義・競争主義がもたらす「強い者はより強く、弱い者はより弱く」という二極分化に対して、分配の公正、雇用の安定、福祉の充実、環境の保全などの社会政策によって安定を図ろうというものである。

欧州の「ユーロ社民主義」の思潮や「中道左派政権」がどれほど根深いものであるかについては様々な判断が成り立つ。経済状況が不安になれば、中道保守の市場主義志向が台頭する、との見方もある。また、中道左派政権下の英国やドイツ、フランスが現実には「企業減税」など市場主義路線に傾斜し、ほとんど中道保守路線との差異がないという評価もある。しかし、私は欧州の二〇世紀と米国の二〇世紀との歴史的差異を見失うべきではないと考える。米国の二〇世紀は、ただの一度も社会主義政党を育てたこともないし、もちろん社会主義政権を生んだこともない。その意味で、骨の髄まで資本主義の国なのである。これに対し、欧州の主要国の二〇世紀は、ことごとく社会主義路線にのめり込み社会主義政権の実験を試みた。その結果は、国民経済の効率を損ね、反省と苦渋に満ちたものに終わった。にもかかわらず、欧州には社会主義の現実に対する幻滅と反省とともに、社会主義の理念に対するこだわりも深層に蓄積されてきたともいえる。それは、米国流の市場主義・競争主義の貫徹だけでは社会システムおよび国民生活は安定しないのではないか、というこだわりである。

欧州の特質を印象付けられるものに「コーポレート・ガバナンス」（企業統治）に関する欧州流の考え方がある。本書のⅠ部の「『正義の経済学』ふたたび」でも触れたごとく、「会社は誰のものか」という設問に対し、「株主のもの」と割り切るのが米国流のコーポレート・ガバナンス論である。つまり、株主資本主義が見事なまでに徹底していて、株主の利益になる価値である「高い株価、高い配当、株主への情報開示」を優先させる企業経営を評価するのが米国流である。これに対し、株主も大切だが、それ以外の企業を取り巻く関係者（ステーク・ホルダー）たる従業員、顧客（消費者、取引先）、地域社会、国家、地球環境などにバランス良く付加価値を配分すべし、というのが欧州流のコーポレート・ガバナンス論である。特に、「ユーロ社民主義」の根強さを反映して従業員に対する付加価値の配分を重視するのが欧州の特色ともいえる。経済社会における基本的分配に関わる思想においても、欧州とアメリカの間には明白な差異が存在するのであり、問題は、これらを踏まえて日本はどう考えるのかということなのである。現状の日本は、必死になって米国流のコーポレート・ガバナンスを普遍の価値として追究し始めているのである。

欧州は試行錯誤の地域である。一直線に進まず、行きつ戻りつ、悩みながら前進する。

二一世紀に入って、ＥＵ一五カ国の内一一カ国を占めた「中道左派政権」は、本年四月のイタリアの総選挙をスタートに試練にさらされる。「ユーロ社民主義のドミノ崩壊の危機」さえ囁かれる。実際に、欧州の中道左派政権が採用している政策をみると、押し寄せるグローバル化の潮流の中で、競争政策重視の路線に傾かざるをえず、中道保守路線との差はないと思われるまでに「混迷」しており、今世紀初頭の内に欧州の政治図式が再び変わる可能性は大いにある。

その中で特に注目したいのは、「ユーロ社民主義からユーロ市民主義へ」という底流における動きである。やはりその背景にはEUによる経済統合という流れがある。いよいよ来年からは「ユーロランド」といわれる一一カ国による通貨統合も、共通通貨ユーロが現実の紙幣・コインの流通という局面を迎える。もちろん、経済統合が一筋縄で進むとは思えない。共通通貨ユーロが発足以来、交換レートで弱含みを続けたのも、この通貨の統括マネジメントに対する責任体制への不信が根強いからであった。にもかかわらず、「共通の欧州」という傘は次第に実体を見せつつある。特に、大陸部の欧州を動き回っていて、最近実感するのは「国境を超えた連携」が活発だということである。例えば、「地中海アーチ」といわれる、スペインのバルセロナ地域と南フランス、そして北イタリアの地域がみせる広域の交流は注目すべきものがある。また、「バルト海都市連合」といわれるバルト海を取り巻く一五〇を超す都市の広域交流も、経済・産業・文化面でのこの地域の活力を高めている。「国民国家」という二〇世紀の呪縛から解放されたエネルギーが、これまでの国境線を超えて溢れ出始めているのである。

こうした中で、国境線にこだわった民族へのアイデンティティーを残しながらも、次第に国境を超えた市民意識が芽生えていることにも注目したいのである。EU関連の組織や国境を超えた地域連携の中で活動している人の共通のカルチャーとして、決して自分の民族的帰属意識を失うわけではないが、「欧州市民」としての緩やかな自覚と連携意識が芽生えつつあることも間違いない。また、大学生たちが柔らかいカリキュラムの交換プログラムを利用して、欧州域内を自由に動きながら授業を受け、大学生活を送ることが常態化しつつあり、このことが若者の意識を「連携する欧州」に向ける効用は大きい。各種のNGOの活動が際立って欧州において盛んなのも、ユーロ市民主義の台頭と無縁ではない。環境保全や反グローバリズムを掲げて、国際会議に押し寄せるNGO活動が目立つが、米国が主導する「グローバリズム」という名前の市場主義、効率主義に対する欧州市民の暗黙の拒否感の提示という見方もできる。しかも、いかにも今日的なのは、こうしたユーロ市民主義の国境を超えた連携を支えているのが、インターネットを使った情報連携だということであり、情報技術革新の基盤がユーロ市民主義によるネット共同体をもたらしつつあるとさえ言えるのである。

インターネットを作ったEU内における欧州市民の情報交流は、マスメディアを介在させた旧来の情報交流とは異なり、欧州市民の政治的選択に直接影響を与えていくであろう。また、EUの労働協約として、EU内で一〇〇〇人以上の労働者を雇用している多国籍企業は、同一企業内の国境を超えた労働組合と一元的労資交渉を行わねばならなくなっており、雇用者のインターネットによる意思疎通や連帯も、現実のものとなってきている。

こうした欧州の潮流は、日本にとって示唆的である。日本は戦後半世紀以上も続いてきた米国との特別な関係に沈潜し、欧州との関係を疎かにしてきた。明治維新から太平洋戦争までの日本はあらゆる分野で欧州を師とし、欧州に学びながら近代化を進めてきたのだが、戦後の日本は専ら米国との関係だけを生き、「日欧関係は失われたリンク」とまでいわれる状況を迎えているのである。確かに欧州のブランド商品などへの日本の若者の関心は極めて高いが、欧州社会の挑戦についての関心は極めて低く、日欧関係についての関心の低さは驚くほどである。しかし、経済統合のみならず、ユーロ社民主義、さらにはユーロ市民主義の動向など、欧州の実験は日本の進路選択にとっても重要な示唆を投げかけている。少なくとも、米国モデルとは異なる選択肢が存在することを認識することは、我々の未来に関する選択の幅を広げるといえよう。

また、さまざまな形での日欧連携を模索することは、米国の専横を抑える意味で重要である。冷戦後の世界において、「米国の独り勝ち」が懸念される状況において、失われてきた欧州との協調を再構築することは意味のあることである。米国人が先祖の国・欧州に抱く根深いコンプレックスと敬意は、第三者から見ていて不思議なほどであるが、ともすると「自国利害中心主義」に帰りがちな米国を国際社会の責任ある参画者として行動させる上で、欧州の成熟した存在感はバランスとして大切なのである。

一八世紀末の欧州は、蒸気の産業革命と市民革命によって次の世紀のテーマを示唆した。一九世紀末の欧州は、鉄と電気の産業革命と社会主義によって二〇世紀のテーマを設定した。そして「二〇世紀はアメリカの世紀」という表現を思い起こさせるごとく、二〇世紀末はインターネットに象徴されるIT革命とグローバリズムを主導する米国というテーマ設定が際立っていた。しかし、世紀末から新世紀を迎え、欧州の実験たる「国民国家を超えた経済統合」と「ユーロ社民主義からユーロ市民主義への思潮」は、我々の二一世紀を制御する上で、重要な意味を持つであろう。

ネット共同体に可能性はあるか

二〇世紀において、社会主義という資本主義の欠陥を補おうとする労働階級共同体の実験に失敗した人類は、二一世紀に向けて、皮肉にも資本主義の総本山たる米国が軍事技術として生み出したインターネットを基盤技術として、「ネット共同体」という新しい実験に挑戦しているかにみえる。新資本主義がもたらす競争主義と市場主義の奔流、さらにはIT革命の中で無味乾燥化する労働環境に耐えながら、孤独な「個」は情報ネットワークに癒しを求めるかのように参画している。果たして、ネット共同体は新資本主義時代の救いとなるのであろうか。

整理していえば、IT革命が資本主義の性格を変え、社会総体の在り方を変えていることは間違いない。産業活動の現場ではITを利用した効率化が確実に進行している。製造業の生産現場では、ITを利用して仕事の平準化が進み、熟練工を必要としない工程管理が実現しつつある。また、情報ネットワークの浸透による消費者ニーズの変化により、「メーカーが作って売りぬく時代」から「消費者ニーズを直接反映させて作る時代」へと向かっており、消費者ニーズへの機動的対応という圧力が生産現場の効率化に拍車をかけている。もちろん、流通過程でもITによる効率化が吹き荒れ、付加価値なき中間排除は常態化しつつある。また、流通合理化をITが支え、例えばスーパーマーケットのレジの仕事を商品バーコードを光学読み取り機で撫でるだけの単純化・平準化された労働に変えてしまった。つまり、一般的メガトレンドとして、IT革命は産業活動の効率化・平準化をもたらしている。それは、産業活動の活性化、企業経営の合理化という意味では歓迎されるべきプラスの革命である。従来の固定的なビジネス慣行や階層型の企業間関係（系列、下請など）、雇用慣行などを突き崩し、効率化とコスト削減を促す契機となるからである。

こうしたＩＴ革命の進展は、人間にとって二重の意味を持つと言わざるをえない。すなわち、「権力装置技術としてのＩＴ」という意味と「権力融解技術としてのＩＴ」という意味での二重構造と表現できるであろう。一人の普通のサラリーマンにとってＩＴ革命が持つ意味をイメージすれば分かりやすい。まず、被雇用者としてのサラリーマンにとってＩＴ革命が持つ意味は生やさしいものではない。企業内の仕事の中身がＩＴ利用によって変質し、意思決定（経営幹部）と現場を直接繋ぐ経営管理技術としてＩＴが定着するにつれ、熟練とか年功というものが積極的な意味を持たなくなる。つまり、ＩＴ化によってこれまで情報の結節点となってきた中間階層の機能や役割は低下し、可能な限り「中間管理職不要の経営」となるわけで、会社の中に従業員が長期安定的に働ける場は次第に無くなっていくといわねばならない。現実に、ＩＴ革命が先行する米国をみると、中間管理職に雇用不安プレッシャーがかかっていることによって、マクロ的にも労働分配率は過去一〇年間、好景気の持続にもかかわらず次第に押し下げられている。

また、ＩＴ革命による雇用の流動化の中で、労働組合の組織化が困難になってきている。なぜなら、ＩＴ革命による仕事の中身の平準化は、「いつでも誰でも代替できる労働」をもたらしており、「アウトソーシング」や「パートタイマー」によっても現場の活動が支えられる度合いが高まり、職域や職業による労働者の連帯が難しくなるからである。一人一人の労働者は階級意識どころか職能意識さえ見失い、共有できる価値目標や「連帯」の契機さえなくなるのである。この意味で、「ＩＴは巧妙な権力装置技術だ」という視点も成立するのである。

他方、消費者という立場でＩＴ革命をみると、見えるシーンが変わってくる。ＩＴを活用した情報入手により、行動選択肢の圧倒的拡大が可能となり、消費者優位の構造をもたらしつつある。「オークション」や「逆オークション」などのインターネットを利用した消費行動は、特殊な嗜好の一部の分野にのみ成立するものだと思うが、普通の賢い主婦が、日常的な消費行動のための情報をネットワークを使って機動的に入手する時代がきていることも間違いない。さまざまな生活ネットワークが広がり、消費者が主体的に情報の入手・発信に関わるようになると、当然、企業の生産・流通活動はそれによって影響され、「消費者優位」が絵空事ではなく、それを支える確かな技術基盤を持つことになる。

このことは、経済の世界だけにとどまらない。政治の世界においても、限りなく「直接民主主義」的な国民の意思表示を可能とする技術基盤が確立されていくことを意味する。代議者が仲介する「間接民主主義」ではなく、国民が直接参画する政治的意思決定システムへの指向がメガトレンドとなっていくであろう。それはオピニオンリーダーとしての見識と指導力を持たない代議者（議員）は不要となる潮流でもあり、インターネット時代における代議制民主主義の試練ともいえる。つまり、ＩＴ革命は消費者とか有権者を覚醒させる時代潮流でもあり、その意味で市民による「権力融解技術」としての潜在可能性をも有するのである。

ところで、現在我々が直面するＩＴ革命が、一九九〇年代以降のインターネット技術の爆発的普及によって特色付けられるネットワーク化をキーワードとするものならば、ＩＴ革命とは、冷戦後の米国が主導した軍事技術のパラダイム転換という本質を持つものである。一九六〇年代にインターネットの基盤技術がＡＲＰＡネットとして開発され始めた時点での基本思想は、ソ連の核攻撃を想定し、一発の核攻撃でシステム全体が機能不全に陥る可能性のある中央制御の巨大コンピュータシステムではなく、分散系・開放系のネットワーク技術を開発しようとしたものであった。つまり、軍事技術として開発された情報技術が、冷戦が終わって民生用に転換され、大きく人類社会を変えているわけで、紛れもなく「平和の配当」なのである。

そのことを踏まえ、改めて近代科学史の中でＩＴ革命なるものを考察するならば感慨深いものがある。デカルトやベーコンを持ち出すまでもないが、「知は力なり」の究極状態に我々は立ちつつあるのではないか。機械工業文明がもたらしたこれまでの産業革命とは異なり、ＩＴ革命という情報処理技術の進化は、近代科学における論理主義・合理主義・客観主義・普遍主義の到達点ともいえる。今日、企業においては「ナレッジ・マネジメント」の重要性が語られ、個人においても情報ネットワークを使った「知的生産性」が求められるが、「情報」が最大の生産要素となる時代が本当に到来したということであろう。

かかる状況は、生身の人間にとっては情報負荷の高まりの中で「高度の知的緊張」に耐えていかねばならないということでもある。大量の情報に埋没するアトム化した個というイメージと、情報の海の潮流にネットワークを武器に果敢に立ち向かう個というイメージが二重写しになる。正に、我々はそういう時代状況を生きていかねばならないのである。従来我々が、時にその重苦しい制約に苦々しく舌打ちしてきた地縁・血縁や会社という職域への帰属からも「解放」され、階級連帯の基盤さえない状況の中で、ＩＴという技術の可能性を与えられ、ネットワークによる新しい共同を夢見ていかねばならないのである。

ＩＴを使ったネットワーク化の試みに新しい社会の可能性を楽観する議論も多い。確かに、ＩＴを使ったネットワークが従来にない「繋がり」を構築し、情報入手の潜在基盤を革命的に広げているといえる。しかし、現実にＩＴ革命の中をネット共同体を求めて生きている人々の生態を注視するならば、現状ではその可能性を礼賛するほど話は単純ではないことが分かる。

極端な例を誇張する気はないが、Eメールを使ってバーチャルな世界での情報交換に熱心な人たちが、程度の差はあれ、一様に示し始める「情報欲求」の高まりは注目に値する。「出会い系サイト」でメル友（Eメール友達）を求め、毎日のようにメールを交換する人は少なくない。「インターネット依存症」というべき心理、すなわち意味もなく長時間パソコンや携帯電話に向かうことが日常化している症状の人も確実に増えている。いくつかの大学で講座を持ち、学生と話をして実感するのは、驚くばかりの情報欲求の高さであり、日に何十通ものEメールを打ち、携帯電話を握り締めて就寝するような生活をしている若者は珍しくない。また、情報にアクセスする態度が驚くほど「分裂症」的であり、例えばテレビのリモコンを握り締めて絶えずチャンネルを切り替え、同時に多くのチャンネルを観るような「落ち着きのない視聴」（ザッピング型視聴）が主潮となっていることに気づく。ちょうど病的にノドの乾く人が、飲んでも飲んでも水を求めるように、情報欲求は高いのだが決して深い思考が「収斂」しない状態ともいえる。

なぜそうなるのか。大量の情報の中に身を置いているものの、人間の心が「寂しい」のである。それは、納得できる至近距離の人間関係を失っているからである。IT革命の進展によって、地縁・血縁、さらには職域での共同体を失い、希薄でフラットな人間関係に取り囲まれる中で、表面的に明るく交流していても体温と体臭の感じ取れるような心の通う人間関係がみえなくなり、共同体の喪失感からバーチャルな疑似共同体へと吸引されていくのである。若者は「はまる」という言葉で、疑似共同体への「のめり込み」を表現する。溢れる情報空間における「新しい孤独な群集」の登場である。これらの孤独な心情は、「オタク的世界」(閉鎖的同調主義空間)の誘惑にすこぶる弱い。底知れぬ不安が止まり木を求めるのである。

バーチャルな疑似共同体の中だけで、ネットワークを駆使した孤独な意思疎通に情熱を燃やしていると、人間はその反動で生身の行為でしか満たされないものへの異様な執着を高めるようである。それは「三つのS」とでも総括できる。SEX(恋愛と性)、SPORTS(運動)、SHOPPING(買い物)の三つである。これだけは、電脳空間だけでは満たされない身体性を必要とする分野だからである。昨今のテレビ番組、雑誌の特集を注視すれば分かるが、この三分野を除けば、この世に何も関心対象が残らないような人間が極端に増えていることに気づく。実際に自分が体験できない疑似体験にもせよ、これ以外に生身の熱い情熱を注ぐテーマがない状況なのである。ネットワーク社会の現実は、意外なほど空虚で物悲しいものといわざるをえない。

しかしながら、「ネット共同体」の現実が寂しいものであっても、我々はIT革命がもたらすネットワーク社会で生きていかねばならない。探究すべき課題は、「個と共同体の新しい関係」の創出であろう。「ネット共同体」を空虚なものに終わらせてはならない。先述の表現にこだわれば、「権力融解技術」としてのITという視点を大切にし、「おしゃべりのためのネットワーク」ではなく、「市民的参画と社会変革のためのネットワーク」にしていかねばならない。そのためには、参画者である我々は「人間の幸福」についての考え方の修正を求められると思われる。

人間とは矛盾に満ちた我儘な存在である。誰もが「平等」を求める一方で、自分だけが特別視されることを喜ぶ。ディズニーランドで長蛇の列に並ぶよりも、優先パスを得たいと思うのである。しかし、IT革命によって社会関係の総体がフラット化するということは、視点を変えれば「平等」で「公平」な社会関係に耐えることであり、他人の不幸の上に自分の幸福を築く、いわゆる「不公平な幸福」を自制することである。言葉では簡単だが、容易なことではない。おそらく我々は、ネット共同体を生きるためにいくつかの点で生き方の転換を迫られるであろう。

一つは、多様な自分を生きる中での連帯を志向することである。すでに論じたごとく、大部分の現代人は社会的存在として多様な面を持つ。生産者として企業経営に関わるとともに、被雇用者としての立場を持ち、同時に消費者でもある。複雑な利害の境界に立っているのである。だからこそ、境界に立つということの知的緊張を余裕を持って享受する姿勢が求められる。私は「マージナル・マン」という言葉を大切にしたいと思っている。一つの軸足を企業（帰属組織）の中に置き、もう一つの軸足を社会に置くことを意識し、企業外の仲間と時代や世界のあり方を探究することに情熱を燃やす存在をマージナル・マンという。つまり、組織内から外を見たり、組織外から内を見ることで、自らの立地点をできるだけ客観的に確認できる存在である。バランス良く境界に立つことは容易ではないが、自分の持つ市民としての多様な性格を大事にすることが、これからの時代には不可欠となるであろう。経済人としての表情だけでなく、せめて一つのNPOや社会運動に参画し、非経済的価値の中で汗を流す社会人としての表情を持つことを志向したい。その中から、打算を超えて真に連帯できるものに気づくであろうし、ネットワーク社会を空虚なものに終わらせない道であろう。帰属組織の窓からだけ社会を見る生き方は限界をみせているし、同時に、一切の組織関与を回避する生き方も、結局は自分が生きる社会環境の変革には繋がらないのである。

帰属組織へのこだわりとともに、これまでの我々にはあまりにも「生産力中心」の思考がこびりつき、生産要素における「分配」や「公正」にのみ関心を向けてきたといえる。今後求められるのは、人間社会総体でのさまざまな要素における「公正」であろう。社会教育、環境保全、フェミニズムなど多様な社会運動に目を向け、失われたバランスを取り戻す努力を大切にしたい。事実、そうした分野で地道な「ネット共同体」の実験に参画している人が増えていることに敬意を払いたい。

二つは、ＩＴの潜在技術可能性を生かしうる強い「個」を確立することである。個の自立に基づく連帯でなければ、醜悪なもたれあいに終わる。いかにネットワークを駆使して情報を交流しても、時流に合わせるだけの連帯は実りあるものとはならない。ＩＴはバーチャルな情報空間を拡張し、人間の疑似体験の可能性を高める技術基盤を提供するものである。だからこそ、現実世界を見失わない強い意思を持ったＩＴの活用が問われるのである。これほど思想と哲学が問われる時代はない、というべきであろう。「何のためのＩＴか」を問い詰めた「個」の価値基軸が求められるということでもある。

価値の基軸をしっかりと持った個を確立するためには、陥りがちな思考惰性を脱却しなければならない。思考惰性とは、絶えず新しいものを外に求め続け、内なる歴史の蓄積の中にある教訓・示唆を受け入れないことである。それ故に、歴史意識が問われるのであり、歴史を正視して自らの立脚点を時間軸の中に設定する努力が必要なのである。

こうした個の確立を求める知的営為の地平線上に、変革の手段としてのネットワーク共同体が見えてくるのであろう。その時こそ、情報ネットワークの拡充は、限られた人たちが密室で行う意思決定を拒否し、透明性の高い「理念と政策が主導する社会的意思決定システム」を求める方向に機能するであろう。

三つは、視界を広げ、大量の情報によって分断された知性に安住することなく、「全体知」を求め続けることである。ネットワークを利して可能な限り情報を総合化し、時代の課題に対する総合的・本質的解答を志向することが重要である。問題点の断片的指摘や専門性に沈潜した個別解へのこだわりを超えて、時代総体の問題を解決するパラダイムとプラットフォームの創造を目指す構想力が求められる。

潜在・散在する英知を集めて、時代の総合設計図を描くこと、日本はそのことを問われているのである。その際、簡便な先行モデルを探して、それを模倣することを慎まねばならない。外国のルールやシステムに合わせることにのみ懸命で、ルールやシステムの設定へ主体的に関与することに無関心なやり方を脱却しなければならない。そして、全体知は、全体知を求め続ける意思の中からしか生まれないことを忘れてはならない。

もう一度、本書の冒頭で引用したオルテガの言葉、「私は、私とその環境である。そしてもしこの環境を救わないなら、私をも救えない」を嚙み締めたい。私たちは大きく息を吸い込んで、私たちを取り巻く時代環境を大きな視界から再構築することに真摯に立ち向かわねばならない。

おわりに――ごまかしなく直視すべきこと

新資本主義といわれる時代における「価値」の問題と苦しみぬく日本の再生という課題を追い求めて、本書をまとめてきた。要するにどうすればよいのか。何から始めればよいのか。直面する時代の潮流が激しく複雑なだけに、我々の気持は苛立ち、性急な解答を求めがちとなる。ナイアガラの瀑布を距離をとって見るように、静かに時代を再考するならば、激流に惑わされることなく、自らの価値基軸において納得のいく「良い国」をひたすら造り上げることが大切であるとの結論に到達せざるをえない。国民の多くが、自分たちは価値のある良い国を造る実験に参画しているのだ、と実感できるような理念性の確立、これのみが二一世紀の日本を再生させると思う。

その問題意識を突き詰めて、最後にどうしても付言しておきたいことがある。それは「米国というトラウマ」からの脱却である。つまり、日本の再生を模索する志向の彼方にみえてくるのは、戦後の半世紀で我々日本人の心に深く埋め込まれた米国へ過剰依存の克服の必要である。米国的なものを無原則に「かっこいい」とする若者の文化状況、米国が発信するＩＴ革命とグローバリズムがもたらす市場主義・競争主義を世界の普遍的潮流と受け止める心理、この思考惰性を脱却して自律・自尊の思考基盤を取り戻すことが、この国の進路を再構築する上での要件である。ごまかしなく直視すれば、日本は「自らを大人だと思い込んでいる子供」という域にとどまっている。国際社会で「一角の先進国」を気取って発言してみたならば、この国の真実があぶりだされる。成功した産業国家として一定の評価は得ているが、世界での日本の客観的位置付けは「米国周辺国」にすぎない。

私は繰り返しこの点を強調する発言をしているが、二つの常識に立ちかえって日本の姿を映し出してみれば、日本が置かれている状況が分かる。一つは、「独立国に外国の軍隊が長期にわたり駐留することは不自然だ」という常識である。敗戦期の過渡的状況として外国の軍隊の駐留を受け入れねばならぬことなど世界の歴史にはいくらでも事例はあるし、冷戦期における安全保障戦略として日米安保という選択を維持してきたことも理解できる。しかし、冷戦が終焉し、この先五〇年経っても、この国に外国の軍隊が今のまま駐留していても平気だと考えているような国民が国際社会で一人前の存在として認知されることは期待できないのである。二つは、「米国は自らの世界戦略と国内世論動向の枠組みの中でしか日本を守らない」という常識である。日米同盟などといっても、米国がいかなる事態でも日本を守るために駆けつけてくれる善意の大国だと期待するならば、それは愚かなことである。米国の国益にとって守る価値ありと判断した時だけ日米同盟は発動されるというのは、国際社会の厳然たる常識である。こうした常識に照らして、現下の日本がいかにぼんやりとした期待と依存の中で米国と付き合っているかが分かる。

軍事と経済の両面において米国との関係を再設計することが、日本再生に基軸を取り戻す大きな契機になるであろう。別の言い方をすれば、この点をごまかし無く直視しない限り、日本再生の論議は虚構に終わる。決してそれは「嫌米や反米」につながるものではない。むしろ、相互敬愛関係をもたらすための主体的前進というべきである。私は一〇年以上もの間、米国で仕事をしてきた。米国の良さも人一倍理解しているし、米国人の友人も多い。だからこそ、米国という国が発信している価値との適切な距離感を失ってはならないと自戒している。米国流の市場主義や民主主義の普遍性をある程度までは共有するにせよ、その限界をも見抜かねばならないと考えている。また、日米関係における長期間の過剰なもたれあいが、相手への甘えをもたらし、筋立った議論の壁となっている状況に気づかなければならないと考える。

あるべき日米関係に向けて、軍事関係において見直すべきことについては、拙著『国家の論理と企業の論理』（中公新書）において「柔らかい総合安全保障を求めて」として詳しく論及したので再論を避けるが、日本側から主体性を持って「駐日米軍基地の地位協定の見直し」と「冷戦後の駐日米軍基地の削減・縮小」を提起し、長期的視点での日米協力を前提にしたアジア太平洋の多角的かつ重層的な安全保障体制の構築を目指そうというのが要点であった。いかなる理屈をも超えて、国家として自国の安全保障における主体性の回復なくして、国内外に語りうる理念と道義の復権はありえないからである。

また、日米経済関係において推進すべきことは、日米間の包括的経済協定を実現し、それを将来のアジア太平洋の多国間の自由化促進スキームのモデルとすることであろう。日米同盟といっても、軍事関係に軸足が置かれ、不思議なほど二国間の経済協定は存在しない。「自由貿易協定」という呼称にこだわらなくとも、貿易と投資を相互促進し、経済紛争を的確に処理する仕組みを実現することは意味がある。日本・シンガポール自由貿易協定や日韓自由貿易協定が話題になっているが、太平洋を挟む日米という二つの経済大国が包括的な経済協定を実現することを主張したい。

約言すれば、私の主張は、日米関係の将来に関し、軍事における適切な「間合い」と、経済における一層の「協調」を両立させる方向を模索すべしというものである。その中で、米国が発信するグローバルな時代潮流を受容しつつも、その影の部分を主体的に制御し、「和して同ぜぬ」日本の進路を切り開くことを志向すべきだと考える。特に、マネーゲーム至上の金融国家に堕落しつつある米国に対し、モノを造る産業基盤を大切にし、IT革命の成果を「モノ造り」に注入する高度産業国家モデルを創造することで、世界に独自の存在感を高めるべきであろう。米国への依存と追随を超克しようとする日本の姿勢が見えてこそ、アジアの国々や世界は、日本を国際社会への重要な参画者として尊敬を込めて認知するであろう。

私はこの本の最後の部分をシンガポールの海を眺めながら書きあげた。かつて、この街は大英帝国のアジア植民地政略の拠点であり、ユニオン・ジャックの旗がたなびいていた。幕末維新から二〇世紀の初頭にかけて、欧州に向かった多くの日本人、伊藤博文も夏目漱石も森鷗外も皆、ユニオン・ジャックの旗を辿るように上海・香港・シンガポール・コロンボ・スエズ（運河は一八六九年開通）を経て欧州に着くことができた。そのシンガポールを一九四二年二月一五日、日本が陥落させた。ウィンストン・チャーチルはシンガポールの陥落について「英国史上、最悪の災禍であり、最大の陥落だった」と書き残している。

しかし、「白人帝国主義をアジアから駆逐する」という日本の挑戦は、必ずしもアジアから歓迎されなかった。アジアの側に立って闘うのではなく、「アジアの盟主」を目指す新種の帝国主義国日本の登場となって「アジア支配」を志向し始めたからである。シンガポールの歴史博物館に行ってみても、「日本支配時代」はアジアの解放とは程遠い暗い抑圧の時代として描かれている。リー・クアンユーは『リー・クアンユー回顧録』（日本経済新聞社、二〇〇〇年）において次のように述べる。「多くのアジア人は英国人に刃向かうことなど現実的でないと思い込んでいた。しかし、アジアの一民族である日本人が英国人に挑戦し、白人神話を打ち砕いてしまったのである。ところが日本人は我々に対しても征服者として君臨し、英国よりも残忍で常軌を逸し、悪意に満ちていたことを示した。日本占領の三年半、私は日本兵が人々を苦しめたり殴ったりするたびに、シンガポールが英国の保護下にあればよかったと思ったものである。同じアジア人として我々は日本人に幻滅した。日本人は、日本より文明が低く民族的に劣ると見なしているアジア人と一緒に思われることを嫌っていたのである」

これこそが、日本近代史を今日に至るまで貫くテーマである。西洋の脅威という圧力の中で「開国・近代化」をスタートさせ、懸命に西洋模倣の「西洋周辺型路線」を探究しているうちに、自らが帝国主義国に変身してアジアに進軍していった姿。そして、一敗地にまみれてからは、勝利者たる米国に身を寄せ、経済主義だけを貫徹させる形で新たな「西洋周辺型路線」を探究してきた戦後なる五五年間の日本。ここに浮かび上がる日本の姿は、理念や道義よりも、現実への対応と追随だけを優先させる存在である。

我々は、今とても大切な所に立っている。自律と自尊の問題意識に立って米国との関係を再設計するにしても、間違えると偏狭な嫌米感情・反米感情を誘発しかねない。事実、沖縄での米軍の不祥事やハワイでの潜水艦事故などをめぐり、日本人の嫌米感情は高まりつつある。この種の感情が不健全なナショナリズムと結びついて、アジア諸国の神経を逆撫でにするような自己中心の歴史認識の表出となっていくことを懸念せざるを得ない局面に近づいている。「国民の歴史」的な歴史観を持った人たちが作る歴史教科書が、すでに正規の教科書として教室に登場しようとしている。つまり、民族の自律と自尊を追求する志向が、侵略戦争に至った日本近代史の正当化と結びつき、再びアジアでの孤立と緊張を招来しかねない状況なのである。

私は、すべての民族に自分たちの歴史を誇り高く振り返る視点があっていいと思うし、その意味でいわゆる「自虐史観・東京裁判史観」と呼ばれるものには距離を感ずる。また、過剰な対米依存の半世紀を省察し、自律と自尊の国を再興すべきだと考える者でもある。しかし、ナショナリズムにも「開かれたナショナリズム」と「閉ざされたナショナリズム」があり、単なる自己主張や自己陶酔を超えて、他国の人々からも理解と共感の得られる「開かれたナショナリズム」を大切にすべきだと思う。自虐も否定されるべきだが、尊大な自己正当化も否定されねばならない。日本の近代史を真剣に再考するならば、欧米列強の圧力の脅威の中で、結局は列強模倣の路線を歩み、「親亜」を「侵亜」に反転させていった悲劇に気づかざるをえず、これへの冷静な反省を見失ってはならないのである。対米関係に自尊を求める議論は安手のナショナリズムの思潮と明確な距離をとらねばならない。

我々を待ち受ける二一世紀の世界は、多極・多次元の全員参加型秩序というべき状況に近づくものとなるであろう。日本にとっても、米国との好関係だけに依存していればこの国が安定するという時代ではなく、日米同盟を基軸としながらもアジアや欧州などとの多次元協調関係を構想していかねばならない。少なくとも、日本は米国と付き合うことを外交と言い換えてきた戦後の半世紀とは異なる「多国間外交」の基盤を作り上げていかねばならないであろう。二国間の同盟外交と多国間外交は本質的に異なる。二国間外交は、「通商摩擦」が深刻だといっても二国間で何度となく顔をつき合わせて交渉をすれば、やがて落とし所（妥協点）が見えてくるものである。多国間外交は違う。丸テーブルを囲み、利害や主張の異なる多様な参加者を相手に、自らの主張を通すゲームとなる。したがって、多国間外交では、知り尽くした相手への甘えは許されない。「日本の主張ももっともだ」といわせる筋道の通った論理が問われる。したがって、多国間外交においてこそ「理念性」が求められるのである。しかも、口先だけの理想論だけではなく、自らの国造りにおいて実践し具現化している理念を語らねば説得力もない。

日本が国際社会において敬愛される参画者となりうる理念性の土台はあると、私は思う。例えば、「武力を持って紛争解決の手段としない」平和主義、とりわけ核装備を拒否する非核平和主義の貫徹は、苦渋の近代史から日本が得た教訓として大きな説得力を持つものであるし、金融過剰経済に傾斜する米国と一線を画してバランスのとれた産業社会を構築して「行き過ぎた拝金主義や効率主義」を制御する試みを日本がリードするならば、それは世界経済にとっても大いに意義のあることであろう。いま、日本人に求められるのは、物事の本質を深く考え抜く「脳力」であり、筋道を通すためには微動だにしない「基軸」なのである。

本書に所収した『中央公論』に発表した論文は、前『中央公論』編集長・宮一穂氏との問題意識の交流の中で成立した連作である。また、いち早く単行本化を提案し、驚嘆すべき粘りで本書の刊行を支えてくれたのが日本経済新聞社出版局の大谷潔氏である。両氏には心からの感謝を表したい。

二〇〇一年三月

マーライオンを見下ろすシンガポールのホテルにて

寺島実郎

寺島実郎（てらしま・じつろう）
1947年北海道生まれ。早稲田大学大学院政治学研究科修士課程修了後、三井物産入社。調査部、業務部を経て、米国ブルッキングス研究所に出向。その後、米国三井物産ワシントン事務所長等を経て、現在、三井物産戦略研究所所長。早稲田大学客員教授、㈶日本総合研究所理事長も務める。
主な著書に、『地球儀を手に考えるアメリカ』（東洋経済新報社）、『ふたつの「Fortune」』（ダイヤモンド社）、『新経済主義宣言』（第15回石橋湛山賞受賞）、『ワシントン戦略読本』、『一九〇〇年への旅』（以上、新潮社）、『国家の論理と企業の論理』（中公新書）、『団塊の世代 わが責任と使命』（PHP 研究所）などがある。

「正義の経済学」ふたたび

二〇〇一年四月二〇日 一版一刷
二〇〇一年十一月七日 五刷

著者 寺島実郎
©Jitsuro Terashima 2001

発行者 羽土力

発行所 日本経済新聞社
http://www.nikkei.co.jp/pub/
東京都千代田区大手町一―九―五 〒100-8066
電話番号（〇三）三二七〇―〇二五一
振替番号 〇〇一三〇―七―五五五

印刷・広研印刷 製本・積信堂

ISBN4-532-14912-6